_____ 님께

이 책을 드립니다.

중소기업 소상공인 세무 노무 컨설팅

초판 1쇄 발행 2021년 6월 1일
2쇄 발행 2021년 7월 1일

지은이 정원덕, 최종국, 김창수, 장재호, 김우영, 박명철
펴낸이 최종국
펴낸곳 비즈북스
출판등록 제2020-000018호

디자인 이현
편집 이현
교정 장진영
마케팅 박은영

주소 경기도 의왕시 오전로 163, 101-408
전화 010-9158-5371
팩스 0504-447-5371
이메일 choi200231@naver.com

ISBN 979-11-974926-0-0(93320)
값 20,000원

ⓒ 정원덕, 최종국, 김창수, 장재호, 김우영, 박명철 2021 Printed in Korea

잘못된 책은 구입하신 곳에서 바꾸어 드립니다.
이 책의 전부 또는 일부 내용을 재사용하려면 사전에 저작권자와 펴낸곳의 동의를 받아야 합니다.

개인사업자 및 중소기업 CEO를 위한

중소기업 소상공인 세무 노무 컨설팅

정원덕, 최종국, 김창수, 장재호, 김우영, 박명철 공저

인사/노무/세무 베스트셀러

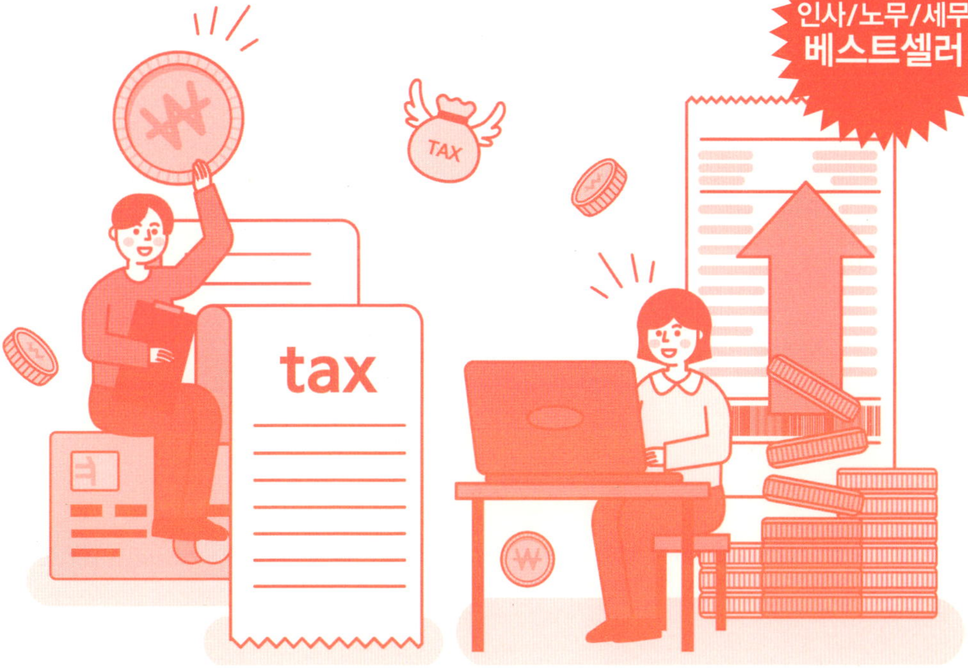

전문가들이 보기 쉽게 정리한
개인사업자 / 법인 / 노무 컨설팅

CONTENTS

PART 1
개인사업자 컨설팅

1부 필수 세금 기초 ································ 22
2부 법인전환을 통한 소득세 절세 ············ 53

PART 2
법인 컨설팅

1부 법인의 성장전략 ······························ 88
2부 법인의 위험관리전략 ························ 103
3부 법인 CEO 보상전략 ·························· 134

PART 3
노무 컨설팅

1부 노무 점검 ·· 168
2부 사업주 지원제도 ······························ 236

체크리스트 7 7 7

✓ 개인기업

체크사항	예	아니요
부가가치세 절세방법 3가지를 알고 있나요?		
간편장부 대상자 인가요?		
종합소득세 절세방법 4가지를 알고 있나요?		
성실신고의 의미를 잘 알고 있나요?		
법인전환에 대한 고민을 해 보았나요?		
법인설립 시 중요 의사결정 8가지를 알고 있나요?		
법인을 운영하는 방법에 대하여 알고 있나요?		

✓ 법인기업

체크사항	예	아니요
법인세 절세방법 3가지를 알고 있나요?		
법인 정관 3가지 점검 사항을 알고 있나요?		
우리 회사 가지급금을 확인하는 방법을 알고 있나요?		
주주의 소수주주권에 대하여 알고 있나요?		
과점주주 리스크에 대한 대비는 되어 있나요?		
우리 회사 임원의 보수는 규정에 따라 지급되나요?		
퇴직금 손금처리 5가지 조건 알고 있나요?		

✓ 개인&법인 공통

체크사항	예	아니요
우리 회사 근로자가 몇 명인지 알고 있나요?		
사업장 필수 근로기준법 7가지를 알고 있나요?		
최저임금위반에 대한 처벌을 알고 있나요?		
직원의 근무시간에 따른 급여를 계산할 수 있나요?		
근로계약서 6가지 필수 기재내용을 알고 있나요?		
연봉계약서를 추가적으로 작성해야 하는 이유를 알고 있나요?		
사업주지원제도 13가지를 알고 있나요?		

저자 소개

정원덕

경영학박사

자격
경영학박사 / 경영지도사 / CFP

경력사항
기업경영평가원 원장
동아대학교 경영문제연구소 특별위원
노무법인 법무법인 세무법인 자문위원
중소기업청 비즈니스지원단 전문위원(마케팅)

주요저서
판매메시지 유형과 판매원의 설득전술
한 권으로 끝내는 노무 세무 컨설팅
우리 회사 세무 노무 점검하기

최종국

행정사

자격
행정사 / 사회보험전문가 / HRM전문가 / ISO선임심사원

경력사항
유튜브 최대표 TV(구독자 5만)
한국고용노동 교육원 전문강사
한경기업경영지원본부 노무지원센터장
한국경제신문 칼럼니스트
고용노동부 고용노동혁신 정책 자문단 1기

주요저서
사장이 꼭 알아야 하는 30가지 노무 이야기
직원이 꼭 알아야 하는 30가지 노무 이야기 / 노무상담 화법 Book

김창수

경영지도사

자격
경영지도사(중기부 등록 제 11857호)
R&D지도사 / 창업컨설턴트 / 한국공인자산관리사(AFPK)
금융자산관리사 / 일반운용전문인력 / 투자상담사

경력사항
파란신호등 대표
주)바모센트 전략기획팀장
비즈니스 지원단 전문위원(마케팅)
가천대학교 창업전문멘토
한국외식 산업협회 광명, 안산지부 컨설팅 실장

장재호

CFP

자격
세무 경영학 석사
CFP(국제공인 재무설계사) / 증권투자상담사
서울대학교 은퇴설계전문가 과정수료
한국FP학회 실무위원

경력사항
AFPK 세금설계, 상속설계 교수
전)에이플러스에셋 CFP본부 호남센터장
전)한국기업경제연구소 소장
현)중기이코노미 기업지원단 단장

김우영

세무사

자격
세무사
성균관대학교 경제학사

경력사항
북인천세무서 영세납세자 지원단
계양구청 지방세 심의위원
인천지방세무사회 감리위원
북인천세무서 국세심사위원

강의
동양미래대학 재정학, 부가세 강사

박명철

경영지도사

자격
경영지도사(인사지원관리) / 손해사정사 / ISO 선임심사원
한국외국어대학교 법학학사

경력사항
한국기술개발 연구원대표
유한손해사정 대표
중소기업 비즈니스지원단 전문위원(인사 / 노무)
중소기업기술개발사업 평가위원
가천대학교 창업전문멘토
세명대학교 창업전문멘토

Part 1 개인사업자 컨설팅

1부 필수 세금 기초

- 부가가치세는 어떻게 계산됩니까? 23
- 부가가치세법상 사업자 구분은? 24
- 일반과세자와 간이과세자는 어떻게 다릅니까? 25
- 일반과세자와 간이과세자의 부가가치세 계산 방법은? 26
- 사업자별 부가가치세 신고 방법이 어떻게 다릅니까? 27
- 부가가치세 절세 방법 3가지 28

- 원천징수세의 개념? 32
- 소득에 따른 원천징수 방법 5가지 33
- 일용직 근로자의 기준은 어떻게 됩니까? 35
- 원천징수한 세금은 언제 납부합니까? 35

- 개인에게 부과되는 세금에 대하여 알려 주세요 37
- 종합소득금액은 어떻게 계산합니까? 38
- 소득세법에 의한 사업자를 어떻게 구분합니까? 38
- 복식부기 대상자와 간편장부 대상자는 어떻게 구분합니까? 39
- 기준경비율로 소득금액 계산하는 방법을 알려 주세요 40
- 단순경비율 대상자와 기준경비율 적용 대상자의 구분은? 41
- 과세표준이 1억 원인 경우 소득세는 얼마입니까? 41
- 종합소득세 절세 방법 4가지 43

- 건강보험은 어떻게 징수합니까? 46
- 국민연금은 어떻게 징수합니까? 47
- 고용보험은 어떻게 징수합니까? 48
- 산재보험은 어떻게 징수합니까? 48

- 직장가입자의 건강보험료 산정 방법은? 49
- 직장가입자가 근로소득 외 소득이 있는 경우 건강보험료는? 50
- 직장가입자가 직장을 퇴사한 경우 건강보험료는? 50
- 종업원이 있는 개인사업자의 건강보험료는? 50
- 종업원이 없는 개인사업자의 건강보험료는? 51
- 건강보험 피부양자 조건은 어떻게 됩니까? 51
- 건강보험 피부양자 자격이 상실되는 경우는? 52

2부 법인전환을 통한 소득세 절세

- 법인전환을 검토해야 할 4가지 개인기업 54
- 성실신고확인제도 대상 개인기업? 54
- 가업승계를 염두에 두고 있는 개인기업? 55
- 종합소득세 부담이 큰 개인기업? 55
- 임대부동산을 보유하고 있는 개인기업? 56

- 법인전환을 망설이는 이유 5가지 57
- 내 돈을 마음대로 사용하지 못한다? 57
- 세금 절세에 도움이 되지 않는다? 58
- 기업 운영이 더 복잡하다? 61
- 세무사가 하지 말라고 한다? 61
- 주위 사람들이 만류한다? 62

- 법인전환의 유형 4가지 63
- 현물출자 법인전환? 64
- 세감면 사업양수도 법인전환? 64
- 중소기업통합에 의한 법인전환? 65
- 신설법인을 통한 법인전환? 65

- 영업권에 대하여 알려 주세요 66
- 법인전환 시 영업권을 어떻게 활용할 수 있습니까? 66
- 영업권을 양도하는 개인이 납부해야 할 세금은? 67
- 영업권을 양수하는 법인은 어떤 혜택이 있습니까? 68

- 성실신고확인제도에 대하여 알려 주세요 68
- 성실신고 시 세무대리인이 확인하는 내용은? 68
- 성실신고확인제도 대상자 선정은 어떻게 합니까? 69
- 성실신고확인대상자의 혜택은 무엇입니까? 70
- 성실신고확인대상 법인에 대하여 알려 주세요 70
- 소규모 임대법인이 무엇입니까? 70

- 법인 설립 방법을 알려 주세요 71
- 회사 이름은 어떻게 결정해야 합니까? 71
- 법인의 본점 주소는 어떻게 결정해야 합니까? 72
- 공고 방법은 어떻게 결정해야 합니까? 72
- 1주의 금액, 발행할 주식의 총수, 발행주식의 수는 어떻게 결정해야 합니까? 73
- 사업목적 사항은 어떻게 결정해야 합니까? 73
- 이사와 감사는 어떻게 결정해야 합니까? 74
- 주주 구성 시 지분율은 어떻게 해야 하나요? 74
- 신설법인의 자본금은 얼마로 해야 하나요? 75
- 업종별 자본금이 있나요? 75
- 이 경우 자본금을 얼마로 해야 하나요? 76
- 과점주주에 대하여 알려 주세요 77
- 과점주주로 하면 어떤 문제가 있나요? 77
- 차명주주를 왜 하나요? 77
- 차명주주에 대한 대응은 어떻게 해야 하나요? 78
- 자녀가 미성년자인 경우도 주주가 될 수 있습니까? 79
- 자녀와 배우자를 주주로 등재하게 되면 무엇이 좋습니까? 79

- 과점주주의 위험을 벗어나기 위한 전략은? 81
- 적극적 과점주주 전략은? 81
- 신설법인의 정관은 어떻게 만듭니까? 82
- 정관에 꼭 기재해야 하는 내용은? 82
- 주주총회의 절차는 어떻게 해야 하나요? 84
- 정관변경을 위한 주주총회 절차를 알려 주세요 84
- 주주총회를 진짜로 개최하여야 하는 이유는? 85

Part 2 법인 컨설팅

1부 법인의 성장전략

- 경영자가 재무현황을 파악해야 하는 3가지 이유는? 89
- 경영자가 확인해야 할 3가지 재무제표 90
- 재무상태표란? 90
- 손익계산서란? 92
- 이익잉여금처분계산서란? 93

- 법인세는 어떻게 계산합니까? 94
- 법인세 세무조정이 무엇입니까? 94
- 법인세 절세 방법 3가지 95

- 법인 정관을 점검해야 하는 이유는? 97
- 정관 내용 중 반드시 점검해야 할 3가지 98
- 노무시스템을 점검해야 하는 이유는? 99
- 근로계약서의 어떤 내용을 점검해야 합니까? 100
- 임금대장의 어떤 내용을 점검해야 합니까? 100
- 취업규칙의 어떤 내용을 점검해야 합니까? 102

2부 법인의 위험관리전략

- 가지급금이 무엇입니까? 104
- 가지급금이 발생하는 이유 5가지 104
- 자본금 가장납입으로 발생? 104
- 거래 관행 때문에 발생? 105
- 회계처리가 미숙해서 발생? 105
- 분식회계 때문에 발생? 105
- 대표이사의 개인적인 사용으로 발생? 106

- 가지급금이 있는 회사의 위험 5가지 106
- 인정이자란? 107
- 지급이자가 손금불산입이란? 107
- 법인세 증가이유는? 108
- 대표이사 소득세 증가이유는? 108
- 대표이사가 형사적 처벌을 받는 이유는? 109

- 가지급금을 확인하는 방법 3가지 110
- 재무상태표에서 무엇을 확인합니까? 110
- 손익계산서에서 무엇을 확인합니까? 111
- 세무조정계산서의 어떤 내용을 확인합니까? 111

- 가지급금을 정리하기 위한 방법 6가지 112
- 개인재산으로 상환하는 방법이란? 112
- 급여 및 상여금을 받아 상환하는 방법이란? 113
- 배당을 받아 상환하는 방법이란? 113
- 퇴직금을 받아 상환하는 방법이란? 114
- 주식지분을 법인에 매각하여 상환하는 방법이란? 114
- 산업재산권을 활용하는 방법이란? 115
- 가지급금을 상환하지 않고 법인을 청산하게 되면? 116

- 명의신탁주식이 무엇입니까? 116
- 주식을 명의신탁하는 이유 3가지 116
- 상법상의 최소 발기인 요건이란? 117
- 과점주주를 피하고자 하는 이유는? 117
- 세금이 어떻게 줄어드나요? 118

- 명의신탁을 빨리 해결해야 하는 이유 5가지 118
- 수탁자(가짜 주주)의 변심과 사망이란? 119
- 입증이 힘들어지는 이유는? 119
- 자본거래의 위험성이란? 119
- 차명주주의 소수주주권 행사란? 120
- 명의신탁주식에 대한 증여세란? 120

- 명의신탁주식의 재산가액의 평가는? 121
- 명의신탁주식 해지 방법 4가지 122
- 명의신탁주식을 환원할 때 발생하는 세금이란? 123
- 명의신탁주식 환원 간소화제도란? 126
- 양수도 방법으로 회수 시 주의사항 3가지 127

- 미처분이익잉여금이란? 128
- 미처분이익잉여금이 발생하는 이유 5가지 128
- 미처분이익잉여금이 기업에 미치는 위험 3가지 130
- 미처분이익잉여금을 줄이는 방법 5가지 131

3부 법인 CEO 보상전략

- 임원의 보수는 어떻게 결정하나요? 135
- 주주총회 결의에 따라 임원의 보수를 지급해야 합니까? 135
- 임원에게 지급되는 보수는 전액 비용처리가 됩니까? 136

- 임원에게 지급하는 보수는 매년 주주총회에서 결정해야 합니까? 136
- 임원의 퇴직금을 제한하는 이유는? 137
- 임원의 퇴직금은 3배까지 가능합니까? 137
- 전액 법인세 비용으로 처리할 수 있습니까? 137
- 손금으로 인정받기 위한 조건 5가지 138
- 퇴직금을 포기하는 경우에 손금으로 인정받을 수 있습니까? 138
- 퇴직금의 장점은 무엇입니까? 139
- 임원은 퇴직금을 중간정산하여 받을 수 있습니까? 139

- 배당은 어떤 장점이 있습니까? 139
- 기업이 배당을 하지 않는 이유 5가지 140
- 효과적인 배당 전략 4가지 141
- 차등배당 전략에 대하여 알려 주세요 142

- 자기주식 취득의 법적 근거가 무엇입니까? 144
- 자기주식 취득 요건에 대하여 알려 주세요 144
- 자기주식 취득에 대한 프로세스를 설명해 주세요 146
- 자기주식 관련 쟁점사항 5가지 150
- 자기주식으로 과점주주가 된 경우에 간주취득세는? 150
- 자기주식 취득의 활용 방법 3가지 151

- CEO플랜이 무엇입니까? 151
- CEO플랜 목적으로 가입한 상품이 퇴직금으로 인정이 됩니까? 152
- CEO플랜 보험의 평가액은? 152
- 퇴직금으로 수령하면 어떤 이득이 있습니까? 153
- CEO플랜의 법적 인정 여부는? 153
- 퇴직금을 몇 배나 받을 수 있습니까? 154

- CEO 정기보험의 장점 5가지 157

- 정기보험의 법인세 절세? 157
- 정기보험을 통한 목돈 준비 가능? 158
- 정기보험으로 회사 위험에 대한 대비? 158
- 정기보험으로 유가족에 대한 보호? 159
- 정기보험을 통한 재무구조? 159

- CEO 정기보험 계약자 수익자를 꼭 법인으로 해야 합니까? 161
- 정기보험에 납입하는 보험료가 전액 비용처리됩니까? 161
- 예규의 '만기환급금에 상당하는'의 의미는? 162
- 예규의 '보험기간 경과에 따라'의 의미는? 162
- 손금의 구체적인 의미는? 163
- 납입하는 보험료가 과다한 경우 손금으로 처리 가능합니까? 163
- 보험 계약 기간을 90세로 해야 하는 이유는? 164
- CEO 경영인 정기보험의 손금처리 4가지 165

Part 3 노무 컨설팅

1부 노무 점검

- 우리 회사 근로자는 몇 명입니까? 169
- 3.3%의 사업소득세만 공제하는 사람도 근로자입니까? 170
- 법원이 사용종속성을 판단하는 기준은? 170
- 근로자로 다툼의 여지가 많은 업종은 어떻게 됩니까? 170
- 위임계약에 의해 도급 형태로 일을 하는 사람도 근로자로 볼 수 있습니까? 171
- 1인 이상 사업장 적용 근로기준법 7가지 172
- 5인 이상 사업장 적용 근로기준법은? 172
- 10인 이상 사업장 적용 근로기준법은? 173
- 상시근로자에 대한 판단은 어떻게 합니까? 174

- 법정근로시간과 소정근로시간에 대하여 알려 주세요 177
- 휴게시간에 대하여 알려 주세요 178
- 연장근로시간에 대해서 알려 주세요 178
- 간주근로시간제에 대하여 알려 주세요 179
- 감시단속적 근로자에 대하여 알려 주세요 180
- 주 52시간 근로제도에 대하여 알려 주세요 180
- 주 52시간 근로제도는 언제부터 시행됩니까? 181
- 30인 미만 사업장에 적용되는 특별연장근로가 무엇입니까? 181
- 탄력적 근로제도에 대하여 알려 주세요 182
- 탄력적 근로제도를 운영하면 기업은 어떤 장점이 있나요? 182
- 2주 단위 탄력적 근로시간제에 대하여 알려 주세요 183
- 3개월 단위 탄력적 근로시간제에 대하여 알려 주세요 185

- 법정휴일에 대하여 알려 주세요 188
- 주휴일에 대하여 알려 주세요 189
- 공휴일(빨간날)은 법정휴일입니까? 190
- 연차휴가에 대하여 알려 주세요 191
- 신규입사자의 연차휴가는 어떻게 부여합니까? 191
- 계약기간이 1년인 기간제 근로자도 연차휴가를 주어야 합니까? 192
- 연차휴가는 언제 사용할 수 있습니까? 192
- 연차휴가에 대한 사용자 의무는 무엇입니까? 192
- 공휴일을 연차휴가와 대체할 수 있습니까? 193
- 연차휴가대체합의를 할 때 주의해야 할 점은 무엇입니까? 193
- 연차휴가사용촉진조치에 대하여 설명해 주세요 194

- 최저임금에 대하여 알려 주세요 195
- 법 개정으로 최저임금에 산입되는 임금은 무엇입니까? 196
- 최저임금계산 시 제외되는 임금은 무엇입니까? 196
- 다음 근로자의 임금대장은 어떻게 변경해야 합니까? 197

- 각종 수당을 포함시켜서 임금을 구성하는 이유 3가지 198
- 주휴수당에 대하여 알려 주세요 198
- 퇴사하는 근로자에게도 주휴수당을 지급해야 합니까? 199
- 일용직 근로자의 경우에도 주휴수당을 지급해야 합니까? 199
- 아르바이트 직원에게도 주휴수당을 지급해야 합니까? 199
- 주중 결근한 근로자도 주휴수당을 지급해야 합니까? 200
- 비과세 급여는 어떤 종류가 있습니까? 201
- 법정근로시간을 근무하는 근로자의 월 급여는 얼마를 지급해야 합니까? 202
- 시급 8,720원 일용직 근로자의 일급은 얼마를 지급해야 합니까? 203
- 주 6일 근무하는 근로자의 월 급여는 얼마를 지급해야 합니까? 204

- 통상임금에 대하여 설명해 주세요 205
- 통상임금에 포함되는 임금과 포함되지 않는 임금을 구분하여 주세요 205
- 식대와 차량유지비도 통상임금에 포함됩니까? 205
- 통상임금을 기준으로 지급하는 수당은 어떻게 됩니까? 206
- 평균임금에 대하여 설명해 주세요 207
- 통상임금에 포함되는 임금과 포함되지 않은 임금? 207
- 포괄임금제에 대하여 설명해 주세요 208
- 포괄임금제의 법적 근거는 어떻게 되나요? 208
- 포괄임금제의 유용성에 대하여 알려 주세요 208
- 포괄임금제 근로계약을 어떻게 해야 합니까? 209

- 퇴직금제도에 대하여 설명해 주세요 210
- 일용 근로자에게도 퇴직금을 지급해야 합니까? 211
- 퇴직금은 언제까지 지급해야 합니까? 211
- 근로자가 퇴직금 중간정산을 요구할 때 어떻게 해야 합니까? 211
- 근로자 퇴직급여 보장법에 의한 퇴직금 중간정산 사유는? 212
- 퇴직금을 포함한 연봉으로 임금을 지급해도 됩니까? 212
- 퇴직연금제도에 대하여 알려 주세요 213

- 확정급여형 퇴직연금제도에 대하여 알려 주세요 213
- 확정기여형 퇴직연금제도에 대하여 알려 주세요 214
- 개인형 퇴직연금제도에 대하여 알려 주세요 214
- 확정급여형(DB)과 확정기여형(DC)의 비교 215

- 근로계약서에 반드시 기재해야 하는 내용에 대하여 알려 주세요 216
- 아르바이트 직원도 근로계약서를 작성해야 합니까? 216
- 근로계약서를 작성하지 않으면 사용자에게 어떤 불이익이 있나요? 217
- 계약직 근로자와 계약기간은 어떻게 정해야 합니까? 217
- 2년을 초과하여 계약한 계약직 근로자는 정규직 근로자로 간주하나요? 218
- 근로계약서에 추가적으로 기재되어야 할 내용은 무엇입니까? 218
- 수습사원과의 근로계약 어떤 차이가 있습니까? 219
- 근로계약서에 기재해도 효력이 발생하지 않는 규정은? 219
- 근로계약에 대하여 근로자가 지켜야 하는 의무는 무엇입니까? 220

- 연봉계약서를 꼭 작성해야 합니까? 221
- 사원이 입사하면 연봉계약서만 작성하면 되나요? 221

- 근로계약서 작성을 도와 주세요 222
- 연봉계약서 작성 방법을 알려 주세요 226

- 근로자 사유에 의한 근로계약의 종료에 대하여 알려 주세요 228
- 근로자 사직에 의한 퇴직 절차를 만들고 싶습니다. 어떻게 해야 하나요? 229
- 사직통보 규정을 어떻게 정해야 하나요? 229
- 사직통보 규정을 사용자는 어떻게 활용할 수 있습니까? 229
- 근로자 능력 부족과 근무태도불량이 해고 사유가 됩니까? 230
- 종업원을 즉시해고 하고 싶습니다. 가능합니까? 231
- 사용자 사유에 의한 해고에 대하여 알려 주세요 232
- 어떤 경우를 권고사직이라고 합니까? 232

- 권고사직으로 종업원을 해고할 때 유의해야 할 사항은 무엇입니까? 232
- 어떤 경우를 정리해고라고 합니까? 232
- 긴박한 경영상의 필요성은 구체적으로 무엇입니까? 233
- 정리해고를 위한 절차는 어떻게 됩니까? 233
- 해고절차에 대하여 알려 주세요 234
- 해고예고수당이 무엇입니까? 235
- 해고예고를 하지 않아도 되는 경우는 언제입니까? 235

2부 사업주 지원제도

- 청년 추가고용 장려금 지원제도 237
- 청년 내일채움공제 지원제도 238
- 고용촉진장려금 지원제도 240
- 정규직전환 지원제도 241
- 유연근무제 지원제도 242
- 일자리 안정자금 지원제도 243
- 두루누리 사업보험 지원제도 243
- 고용을 증대시킨 기업에 대한 세액공제 244
- 정규직 근로자로의 전환에 따른 세액공제 244
- 고용유지 기업 등에 대한 과세특례 245
- 근로소득을 증대시킨 기업에 대한 세액공제 245
- 중소기업 사회보험료 세액공제 245
- 중소기업 취업자에 대한 소득세 감면 246

PART 1

개인사업자 컨설팅

1부
필수 세금 기초

- 부가가치세
- 원천징수세
- 종합소득세
- 4대 보험

1
부가가치세

부가가치세란 원천징수세와 함께 개인사업자 법인사업자 모두에게 공통적으로 중요하며, 절세할 수 있는 방법도 거의 없는 까다로운 세금입니다. 부가가치세법상 사업자의 형태는 일반과세자, 간이과세자, 면세사업자로 구분되며, 그 형태에 따라 세금 납부 방법과 납부하는 세금이 달라집니다.

이 장에서는 부가가치세를 절세할 수 있는 전략을 마련할 것입니다. 부가가치세 계산은 적격증빙 수취, 면세사업자로부터 수령한 세금계산서 처리 방법, 신용카드 매출 처리 방법에 따라 달라집니다. 처리 방법을 어떻게 하느냐에 따라 납부하는 세금이 달라집니다.

❓ 질문 : 부가가치세는 어떻게 계산됩니까?

부가가치세란 상품(재화)의 거래나 서비스(용역)의 제공과정에서 얻어지는 부가가치(이윤)에 대하여 과세하는 세금이며, 사업자가 납부하는 부가가치세는 매출세액에서 매입세액을 차감하여 계산합니다.

부가가치세 = 매출세액 − 매입세액

부가가치세는 물건 값에 포함되어 있기 때문에 실제로는 최종소비자가 부담하는 것이며, 사업자는 최종소비자가 부담한 부가가치세를 세무서에 납부하는 것입니다.

❖ 사업자가 소비자에게 110만 원에 상품을 판매하고 지급받는 110만 원에는 소비자가 부담해야 할 부가가치세 10만 원이 포함되어 있습니다. 이 10만 원을 사업자가 과세관청에 납부하는 것입니다.

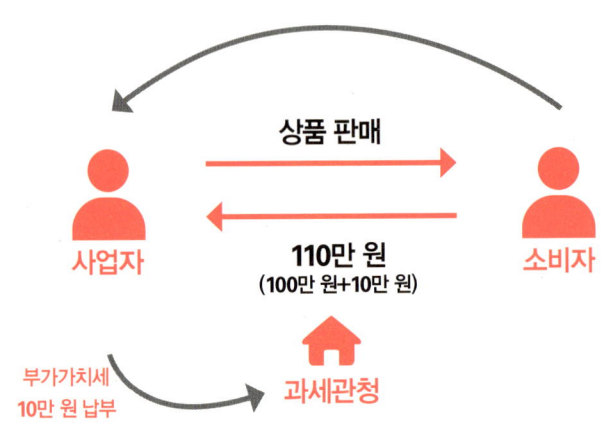

❓질문 : 부가가치세법상 사업자 구분은?

사업자의 구분은 부가가치세가 과세되는 품목을 취급하느냐 하지 않느냐에 따라 과세사업자와 면세사업자로 구분합니다.

과세사업자는 매출액을 기준으로 일반사업자와 간이과세자로 구분됩니다. 다만 매출액이 8,000만 원 미만이라도 광업, 제조업, 도매업, 부동산 매매업, 부동산 임대업, 개별소비세 과세유흥장소를 경영하는 사업, 전문직 사업서비스업(변호사, 세무사 등)은 간이과세자가 될 수 없습니다.

면세사업자는 가공하지 않은 식료품(농산물, 축산물, 수산물, 임산물)과 주택 임대, 수돗물, 지하철, 시내버스 등의 기초 생활에 필요한 필수 물품을 취급합니다. 또한 병원비, 교육비, 도서, 신문, 잡지 등 국민들의 복리후생과 문화생활을 지원을 해 주는 업종은 면세사업자가 될 수 있습니다.

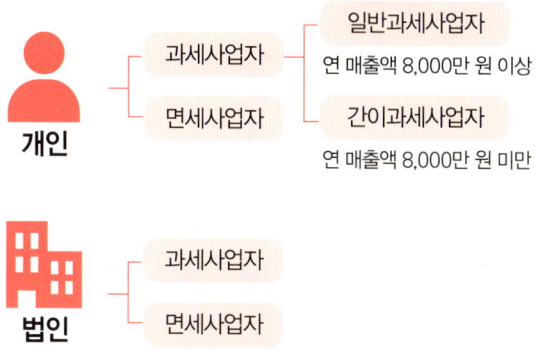

부가가치세법상 사업자 구분

질문 : 일반과세자와 간이과세자는 어떻게 다릅니까?

첫 번째는 세금계산서 발급을 할 수 있느냐 없느냐의 차이입니다. 일반과세자는 세금계산서를 발급할 수 있지만, 간이과세자중 4,800만 원 미만은 세금계산서를 발급하지 못하므로 소비자를 상대하는 소규모 업종에 유리합니다.

두 번째는 매입세액에 대하여 공제가 가능한지 여부입니다. 일반과세자는 부가가치세를 신고할 때 매입 시 부담했던 매입세액을 공제를 받을 수 있지만, 간이과세자는 매입세액을 공제를 받지 못합니다. 초기 투자비용이 많이 발생하는 경우에는 부가가치세 환급이 불가능하므로 오히려 일반과세자로 신청하는 것이 유리할 수 있습니다.

세 번째는 부가가치세에 대한 부담입니다. 간이사업자는 매출액의 1%~3%만 부가가치세를 부담하면 되므로 세금을 줄일 수 있습니다.

❓질문 : 일반과세자와 간이과세자의 부가가치세 계산 방법은?

일반과세자는 매출의 10%를 부가가치세로 납부하지만, 간이과세자는 매출금액에 부가가치세를 합한 과세표준에 업종별 부가가치율(5~30%)과 10%를 곱하여 부가가치세를 납부합니다.

일반과세자의 부가가치세 계산: 매출이 1,000만 원인 경우 매출의 10%인 100만 원을 납부해야 함

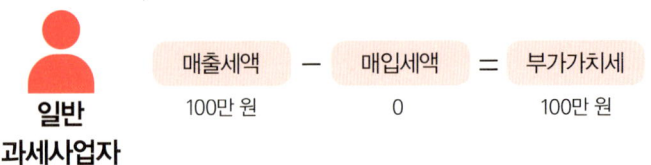

간이과세자의 부가가치세 계산: 매출이 1,000만 원 경우 매출금액에 해당하는 부가가치세 100만 원을 합한 1,100만 원에 음식점 부가가치율(10%)과 10%를 곱하여 계산한 11만 원을 납부해야 함

❓ 질문 : 사업자별 부가가치세 신고 방법이 어떻게 다릅니까?

과세사업자인 **일반과세자는** 1월 25일과 7월 25일에 두 번의 확정신고와 두 번의 예정신고 중간예납을 하고, **간이과세자는** 1월 25일에 한 번의 확정신고와 한 번의 예정신고 중간예납을 합니다.

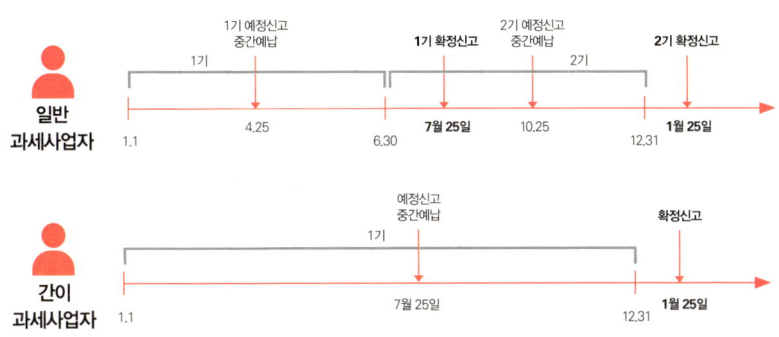

면세사업자는 원칙적으로 부가가치세 신고를 하지 않아도 됩니다. 다만, 부가가치세 신고 대신 사업장 현황신고를 해야 합니다. 직전년도 수입금액 및 경비내역을 다음 연도 2월 10일까지 사업장 관할 세무서에 신고하여야 합니다.

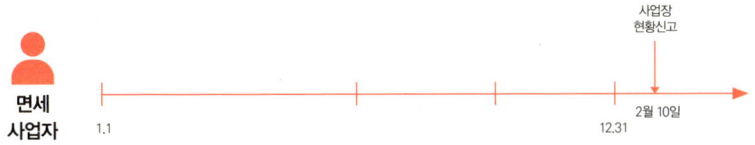

❓ 질문 : 부가가치세 절세 방법 3가지

지출증빙이 가능한 적격 매입 자료를 누락 없이 챙기고, 의제매입세액공제 신고서를 제출하고, 신용카드매출전표 발급공제를 받아야 부가가치세를 절세할 수 있습니다. 적격 매입자료는 종합소득세 및 건강보험료와 국민연금보험료의 절감에 영향을 미칩니다.

① 매입 자료를 챙기자

매입 시 발급받은 세금계산서, 현금영수증, 신용카드, 체크카드 등은 매입세액에 대한 공제를 받을 수 있습니다. 전자로 발급받은 세금계산서는 모두 조회되므로 따로 챙길 필요는 없으나, 종이 세금계산서는 따라 모아서 신고해야 합니다. 사업용 신용카드를 등록해서 사용하면 카드 사용분을 추가로 챙기지 않아도 됩니다.

사업용 카드가 아니더라도 직원이 업무관련 지출한 신용카드 영수증은 적격증빙으로 처리하여 부가가치세를 줄일 수 있습니다. 이 경우 직원은 당해 종업원의 신용카드 사용금액으로 보지 않아 신용카드 소득공제는 추가로 받지 못합니다.

② 의제매입세액공제 신고서를 반드시 제출하자

원칙적으로 면세되는 재화에 대하여는 매입세액공제를 받을 수 없습니다. 그러나 3가지 요건만 충족하면 공제율에 따라 계산된 금액을 공제 받을 수 있습니다.

- 부가가치세법상 사업자 등록을 한 과세사업자일 것

- 면세 농산물 등을 원재료로 하여 과세되는 재화나 용역을 제공할 것

- 의제매입세액공제 신고서를 제출할 것

❖ 업종별 의제매입세액 공제율

구분			공제율
음식점업	개인	과세표준 4억 이하	9/109
		과세표준 4억 초과	8/108
	법인		6/106
제조업	최종소비자 상대 제조업		6/106
	이외 제조업(중소기업)		4/104
	기타		2/102

❖ 과세표준에 따른 의제매입세액공제 한도

구분	과세표준	음식점업	일반업종
법인사업자		40%	
개인사업자	과세표준 1억 원 이하	65%	55%
	과세표준 2억 원 이하	60%	
	과세표준 2억 원 초과	50%	45%

❖ 의제매입세액공제를 얼마나 받을 수 있습니까?

case 1

업종: 개인 음식점/과세표준: 3억 원/면세재화 매입: 1억 원

의제매입세액공제 신고서를 제출하는 경우 **부가가치세 734만 원을 절세**할 수 있습니다(계산: 1억 원×8/108).

case 2

업종: 음식점/과세표준: 4억 원/면세재화 매입: 3억 원

의제매입세액공제 신고서를 제출하는 경우 **부가가치세 1,468만 원을 절세**할 수 있습니다(계산: 2억 원×8/108).

③ 신용카드매출전표발급에 대한 공제를 받자

소비자를 주로 상대하는 소매업, 음식점업, 숙박업, 미용 욕탕 및 유사 서비스업, 여객운송업 등을 하는 사업장(개인사업자)의 신용카드 매출전표 등 발급에 대하여 공제를 받을 수 있습니다. 직전연도 매출액이 사업장을 기준으로 10억 원을 초과할 경우 공제대상에서 제외됩니다. 공제대상 신용카드매출은 직불카드영수증, 신용카드매출전표, 선불카드영수증(실제 명의가 확인되는 것), 현금영수증 등입니다.

공제한도는 **연간 1,000만 원**이며, 공제율은 음식 숙박업 간이과세자, 기타사업자 모두 1.3%를 적용합니다.

다만, 매출세액보다 매입세액이 많아서 환급이 발생하는 경우에는 공제를 받지 못합니다. 차량 구입 등 큰 금액의 매입이 있을 경우에는 부가가치세 조기 환급을 신청하여 부가가치세를 신고하는 시점에 납부금액이 있게 만들 필요가 있습니다.

❖ 현금영수증제도

　현금영수증제도란, 사업자가 현금매출을 줄여 세금을 적게 내고자 하는 일련의 탈세행위를 방지하기 위해서 실시하는 제도입니다. 현금영수증 가맹점으로 가입해야 하는 사업장이 가입하지 않으면 미가입 기간에 대한 매출액의 1%를 가산세로 부과하게 됩니다. 그리고 고객의 요청에도 불구하고 현금영수증을 발급하지 않으면 **미발급 금액의 20%를 가산세**로 내야 합니다.

　특히 현금영수증 의무발생 업종은 거래건당 10만 원 이상인 경우라면 고객이 요청하지 않더라도 5일 이내에 무조건 발급해야 합니다. 소비자의 연락처를 모를 경우에는 국세청 지정코드 "010-000-1234"로 현금영수증을 발급하면 됩니다.

　포상금은 현금영수증 **발급 거부금액의 20%를 지급**(1만 원~50만 원)을 지급합니다. 다만, 1인당 연간 포상금은 200만 원을 한도로 합니다.

2 원천징수세

원천징수세란 사업주가 임금 등을 지급할 때 법률에서 정한 방법에 의하여 징수해야 하는 세금입니다. 징수한 세금은 다음 달 10일까지 세무서에 납부해야 합니다. 미납부 시 가산세가 부과됩니다.

이렇게 원천징수 영수증은 사업에 대한 필요경비로 인정되므로 반드시 챙겨야 합니다. 이 장에서는 지급하는 소득에 따른 원천징수 방법과 납부절차에 대하여 설명하고자 합니다.

❓ 질문 : 원천징수세의 개념?

원천징수란 소득금액 또는 수입금액을 지급하는 자(원천징수의무자)가 법이 정하는 바에 의하여 지급받는 자(원천납세의무자)가 부담할 세액을 정부를 대신하여 징수하는 것을 말합니다. 거주자의 납세 편의를 제공하고 세금신고누락을 사전에 방지해 재정수요를 조기에 확보할 수 있도록 운용하고 있는 조세제도입니다.

근로소득, 이자소득, 배당소득, 퇴직소득, 연금소득, 인적용력 사업소득과 상금 강연료 등의 일시적인 성질의 기타소득 등을 지급할 때 지급하는 회사는 지급받는 자가 납부해야 할 세금을 미리 공제하고 지급해야 합니다.

질문 : 소득에 따른 원천징수 방법 5가지

① 근로소득은 간이세액표에 의해 근로소득세를 원천징수합니다

근로소득이란 그 명칭에 관계없이 회사에서 지급하는 모든 급여입니다. 다만, 비과세소득인 식대와 차량유지비, 6세 이하 자녀의 보육수당 등은 제외합니다.

근로자의 소득과 부양가족 수에 따른 기본공제 혜택 등을 고려해 사업주가 근로자에게 임금을 지급할 때 원천징수할 근로소득세를 미리 만들어 놓은 간이세액표에 따라 원천징수를 하게 됩니다. 원천징수한 세금은 다음 달 10일까지 관할 세무서에 신고·납부해야 합니다. 근로자는 원천징수한 세액과 근로자의 연말정산 세액에 대하여 차이가 발생하는 경우에는 추가로 내거나 돌려받게 됩니다.

② 이자소득은 27.5%(지방소득세 포함)를 원천징수합니다

15.4%가 아닌 이유는 이자를 지급하는 회사가 금전 대여를 사업목적으로 하는 금융기관이 아니기 때문(비영업대금의 이자로 구분)입니다.

반면, 금전 대여를 사업목적으로 하는 금융기관 등은 이자를 지급할 때, 지급하는 금액의 15.4%(지방소득세 포함)를 원천징수합니다. 지급일이 속하는 연도의 다음 연도 2월 말일까지 지급명세서를 관할세무서에 제출하여야 합니다.

③ 기타소득금액의 20%를 원천징수합니다

기타소득금액이란 기타소득에서 필요경비(60% 적용)를 공제한 금액을 말합니다. 영업권 양도 등과 같은 기타소득이 발생하면 기타소득의 8.8%를 원천징수하면 됩니다.

④ 프리랜서는 3.3%를 원천징수합니다

프리랜서란 사업설비를 갖추지 않은 개인이 독립적으로 일의 성과에 따라 수당 또는 이와 유사한 성질의 대가를 받는 자로서 사무실 및 직원이 없는 사람을 말합니다.

프리랜서에게 일정 용역을 제공받고 그 대가를 지급하는 자는 사업소득에 대하여 3.3%를 원천징수하여 다음 달 10일까지 신고·납부해야 합니다. 대금을 지급하는 자는 원천징수할 때 원천징수 영수증을 교부해야 합니다. 지급일이 속하는 연도의 다음 연도 3월 10일까지 원천징수 영수증을 관할세무서에 제출하여야 합니다.

⑤ 일용직 근로자는 일당에서 15만 원을 공제한 후 2.97%를 원천징수합니다

원천징수할 세액의 합계액을 기준으로 근로소득세가 1,000원 미만인 경우에는 소액부징수 제도에 따라 근로소득세를 징수하지 않아도 됩니다. 일용직 근로자의 원천징수 내역은 4월 10일, 7월 10일, 10월 10일, 다음 해 1월 10일에 지급명세서를 제출하여야 합니다.

세법상 일용직 근로자란 동일한 고용주에게 3개월 이상 계속하여 고용되어 있지 아니한 자를 말합니다. 세법과 4대 보험 공단이 제시하는 일용직 근로자에 대한 기준이 다릅니다. 세법상 일용직 근로자에 해당되어 일용직 근로자로 세금신고를 하면 국세청의 해당 자료는 4대 보험공단으로 넘어갑니다. 4대 보험공단 기준으로 일용직이 아니라고 판단되면 미신고 4대 보험료가 사업주에게 부과됩니다.

일용직 근로자에 대해서는 세법상 기준보다는 4대 보험공단 기준에 맞추어 신고하는 것이 좋습니다.

질문 : 일용직 근로자의 기준은 어떻게 됩니까?

① **세법** : 3개월 미만 계속 근로하는 자
② **4대 보험** : 1개월 미만 근로하는 자
③ **국민연금** : 1개월간 8일 미만 & 월 60시간 미만 근로하는 자

질문 : 원천징수한 세금은 언제 납부합니까?

회사에서 근로자에게 급여 혹은 인적용역사업소득을 지급할 때 공제한 원천징수세는 **다음 달 10일까지** '원천징수이행상황신고서'를 통해 신고·납부해야 합니다. 매월 신고·납부하는 것이 힘든 영세 소규모 사업장의 납세 편의를 돕기 위해서 원천징수세 반기신고 제도를 시행하고 있습니다.

상시고용인원이 20명 이하 또는 종교단체에 해당하는 사업장은 새로운 반기가 시작되는 직전 월의 1일부터 말일까지 관할 세무서장에게 신청하면 1년에 2회만 원천징수세를 신고·납부할 수 있습니다. 상반기 세금은 7월 10일, 하반기 세금은 다음 해 1월 10일까지 납부하면 됩니다.

3
종합소득세

개인사업자는 매년 1월부터 12월까지 벌어들이는 소득에 대하여 다음 연도 5월 31일까지 소득세를 신고·납부해야 합니다. 모든 소득이란 **이자소득, 배당소득, 근로소득, 사업소득, 연금소득, 기타소득** 6가지 소득 중 분리과세 되는 일부 소득을 제외한 소득을 말합니다.

개인사업자의 사업소득은 그 규모나 형태에 따라 소득금액을 계산하는 것이 아주 복잡합니다. 장부를 기장하는지, 기장을 하지 않는지, 단순경비율을 적용할지, 기준경비율을 적용할지에 따라 사업소득에 대하여 부과되는 세금이 달라집니다.

이 장에서는 다양한 방법을 통하여 개인사업자의 종합소득세를 줄일 수 있는 방법에 대한 전략을 마련해 보고자 합니다.

❓ 질문 : 개인에게 부과되는 세금에 대하여 알려 주세요

소득세는 열거되는 소득에 대하여 세금이 부과됩니다. 개인이 벌어들이는 소득은 이자소득, 배당소득, 근로소득, 사업소득, 연금소득, 기타소득, 양도소득, 퇴직소득 8가지로 **구분**할 수 있습니다.

이 중 양도소득과 퇴직소득은 오랜 기간 동안 실현되지 않고 있다가 한 번에 발생하는 거액의 소득이기 때문에 다른 소득과 분류하여 세금을 부과합니다. 이렇게 양도소득, 퇴직소득, 나머지 6가지를 종합소득으로 분류하여 과세하는 것을 **분류과세**라고 합니다.

종합소득 중 이자소득과 배당소득이 2,000만 원 이하, 복권당첨금 등의 기타소득금액이 300만 원 이하, 연금소득이 1,200만 원 이하인 경우 분리과세 합니다. 다만, 기준금액을 초과하게 되면 분리과세가 되지 않고 종합소득으로 합산하여 과세됩니다.

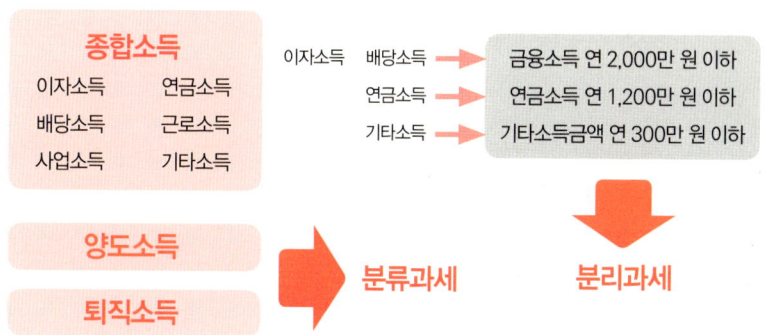

❓ 질문 : 종합소득금액은 어떻게 계산합니까?

종합과세 되는 6가지 소득의 각 소득금액을 구하여야 합니다. 소득금액이란 소득에서 비용을 공제하여 계산된 금액을 말합니다. 이때 분리과세로 과세가 종결된 소득은 제외합니다.

- 이자소득: 별도의 비용 공제가 없음

- 배당소득: 별도의 비용 공제가 없음

- 연금소득: 연금소득공제(3.3~5.5%)를 비용으로 공제

- 근로소득: 비과세소득, 근로소득공제를 비용으로 공제

- 기타소득: 60%를 비용으로 공제

- 사업소득: 실제 사용한 비용을 공제(매출 규모에 따라 공제금액이 달라짐)

❓ 질문 : 소득세법에 의한 사업자를 어떻게 구분합니까?

기장의 의무가 있는지 없는지에 따라 구분합니다. 기장의 의무가 있는 사업장은 매출 규모에 따라 복식부기 대상자와 간편장부 대상자로 구분됩니다. 기장의 의무가 없는 사업장은 단순경비율 대상자와 기준경비율 대상자로 구분할 수 있습니다.

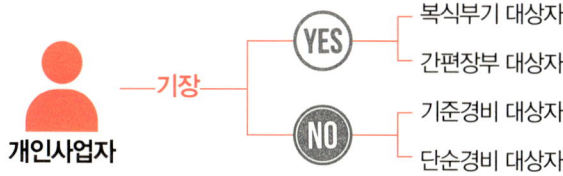

질문 : 복식부기 대상자와 간편장부 대상자는 어떻게 구분합니까?

복식부기 대상자와 간편장부 대상자는 업종에 따라 다음과 같이 구분됩니다. 만약 간편장부 대상자가 복식부기로 장부를 작성하면 세액의 20%(최대 100만 원)를 공제 받을 수 있습니다. 반면, 복식부기 대상자가 간편장부로 작성하면 무기장 가산세가 부과됩니다. 가산세는 기장하지 않은 소득의 20%입니다.

❖ 업종에 따른 복식부기 대상자와 간편장부 대상자의 구분

업종	복식부기 대상자	간편장부 대상자
가. 농업 임업 어업 광업 도매 및 소매업, 부동산 매매업 등	3억 원 이상	3억 원 미만
나. 제조업, 숙박 및 음식점업, 건설업, 금융 및 보험업 등	1.5억 원 이상	1.5억 원 미만
다. 부동산 임대업, 전문 과학 및 기술 서비스업, 교육 서비스업 등	7,500만 원 이상	7,500만 원 미만

❓ 질문 : 기준경비율로 소득금액 계산하는 방법을 알려 주세요

기장을 해야 하는 사업자가 기장을 하지 않는 경우, 기준경비율을 적용받습니다. 다음의 식을 통해 계산된 수입금액 중 적은 금액을 선택합니다.

간편장부 대상자 — Min ① 수입금액×(1−기준경비율)−주요경비
② 수입금액×(1−단순경비율)×2.8

복식부기 대상자 — Min ③ 수입금액×(1−기준경비율)−주요경비
④ 수입금액×(1−단순경비율)×3.4

❖ 다음 사업장의 소득금액은 얼마입니까?

업종 − 불고기 한식당(단순경비율: 89.7% / 기준 경비율 9.6%)

매출 − 직전연도 연매출 1.2억 원

비용 − 9,000만 원 증빙(임차료, 인건비 등)

간편장부 대상자이므로 Min(1번, 2번)이 소득금액입니다.

1번 방법 : 수입금액×(1−기준경비율)−주요경비

1.2억 원×(1−9.6%)−0.9억 원=18,480,000원

2번 방법 : 수입금액×(1−단순경비율)×2.8

1.2억 원×(1−89.7%)×2.8=34,608,000만 원

소득금액은 Min(1,848만 원, 3,460만 8천 원) **1,848만 원입니다.**

❓ 질문 : 단순경비율 대상자와 기준경비율 적용 대상자의 구분은?

단순경비율을 적용할 수 있는 사업장은 직전년도 수입금액이 일정금액(최대 6,000만 원) 이하 또는 신규사업자에 한정합니다. 적용 대상자는 극히 제한적입니다.

기준경비율은 단순경비율을 적용하지 않는 사업장과 장부작성 의무가 있는 사업장(복식부기, 간이장부)이 장부를 작성하지 않았을 때 적용할 수 있습니다. 이때 무기장 가산세 20%가 부가됩니다.

❖ 단순경비율 적용 사업장

업종	신규사업자	기존사업자	
		당해 년도 수입금액	직전년도 수입금액
가. 농업 임업 어업 광업 도매 및 소매업, 부동산 매매업 등	3억 원 미만	3억 원 미만	6,000만 원 미만
나. 제조업, 숙박 및 음식점업, 건설업, 금융 및 보험업 등	1.5억 원 미만	1.5억 원 미만	3,600만 원 미만
다. 부동산 임대업, 전문 과학 및 기술 서비스업, 교육 서비스업 등	7,500만 원 미만	7,500만 원 미만	2,400만 원 미만

❓ 질문 : 과세표준이 1억 원인 경우 소득세는 얼마입니까?

소득세는 총 8개 구간으로 나누어서 부과합니다. 과세표준 1억 원은 4번째 구간에 해당합니다. 적용 세율은 35%입니다. 그렇다고 납부해야 할 세금이 3,500만 원(1억 원×35%)은 아닙니다. 왜냐하면 아래 그림처럼 구간별 과세하기 때문입니다.

아래 그림의 A구간은 6%의 세율, B구간은 15%의 세율, C구간은 24%의 세율, D구간은 35%의 세율을 각각 적용합니다. 각 구간에 따라 계산된 금액을 모두 더하면 과세표준 1억 원에 해당하는 세금은 2,010만 원입니다.

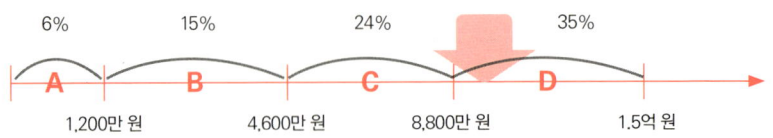

(1,200만 원)×6%+(4,600만 원−1,200만 원)×15%+(8,800만 원−4,600만 원)×24%+(1억 원−8,800만 원)×35%

✤ 종합소득세율

	과세표준	세율(%)
①	1,200만 원 이하	6
②	1,200만 원 초과~4,600만 원 이하	15
③	4,600만 원 초과~8,800만 원 이하	24
④	8,800만 원 초과~1억 5,000만 원 이하	35
⑤	1억 5,000만 원 초과~3억 원 이하	38
⑥	3억 원 초과~5억 원 이하	40
⑦	5억 원 초과~10억 원 이하	42
⑧	10억 원 초과	45

*지방소득세 10% 별도

> **Tip** 세금계산을 간단하게 할 수 있는 방법

과세표준에 해당하는 세율을 곱하고 누진공제를 빼 주면 됩니다.

과세표준	세율(%)	누진공제(만 원)
1,200만 원 이하	6	–
4,600만 원 이하	15	108
8,800만 원 이하	24	522
1.5억 원 이하	35	1,490
3억 원 이하	38	1,940
5억 원 이하	40	2,540
10억 원 이하	42	3,540
10억 원 초과	45	6,540

계산: 1억 원×35%-1,490만 원=2,010만 원

❓ 질문 : 종합소득세 절세 방법 4가지

① **경비에 대한 적격증빙이 있어야 합니다**

적격증빙을 통한 필요경비를 높이면 종합소득세를 절세할 수 있습니다. 특히 접대비에 사용된 금액과 임금으로 지급된 인건비에 대한 적격증빙을 잘 준비하면 됩니다.

접대비는 중소기업의 경우 **연 3,600만 원**을 기본으로 공제 받을 수 있습니다. 업무상 1만 원을 초과하는 접대비는 반드시 사업용 카드(법인카드)로 사용해야 합니다. 경조사비로 지출한 금액은 **1회당 20만 원**이 초과하지 않으면 접대비로 인정받을 수 있으므로 관련 증빙을 준비하여 세무대리인에게 전달해야 합니다.

필요경비 중 가장 큰 비용을 차지하는 인건비 중 4대 보험을 신고하지 않는 일용직 근로자와 프리랜서는 임금을 지급할 때 2.97%와 3.3%를 원천징수를 하고 원천징수세를 신고하게 되면 사업자의 적격비용으로 인정받아 세금을 줄일 수 있습니다.

② 근무하는 가족에게 급여를 지급해야 합니다

가족이 사업장에 근무하면서도 급여를 받지 않는 경우가 많습니다. 지급받는 급여에 발생되는 근로소득세와 4대 보험료의 부담 때문입니다. 그러나 가족에게 급여를 지급한다면 지급하는 인건비는 적격비용으로 사업주의 소득세를 줄일 수 있습니다.

사업주의 사업소득이 8,800만 원을 초과하면 세율이 35%가 적용됩니다. 가족에게 월 200만 원의 급여를 지급하면 추가적인 소득세와 4대 보험료 부담은 10%도 되지 않습니다. 사업주의 과세표준이 1억 1천만 원이라고 가정하면 **약 600만 원의 종합소득세를 절세**할 수 있으므로 반드시 근무하는 가족에게 급여를 지급하여 인건비 처리를 하여야 합니다.

③ 공동사업으로 운영하는 방법을 활용할 수 있습니다

소득세는 각 개인의 소득이 높을수록 많은 세금을 부과하는 누진세 방법에 의하여 계산합니다. 실질적으로 동업을 하는 경우와 사업장에 근무하는 가족이 있다면 공동사업으로 운영하는 것도 하나의 절세 방법이 될 수 있습니다. 공동사업을 하게 되면 소득을 분산시켜 한계세율을 낮출 수 있기 때문입니다.

예를 들어 사업자 1인의 과세표준이 2억 원인 경우 소득세는 5,660만 원이지만, 공동사업을 하게 되면 사업자 2인은 각각 과세표준이 1억 원이 됩니다. 과세표준 1억 원에 대한 소득세는 2,010만 원으로 2명을 합한 소득세는 4,020만 원 입니다. 혼자 사업장을 운영하는 것에 비해 공동사업으로 운영하면 **1,640만 원의 소득세를 절세**할 수 있습니다.

④ 일정 소득금액을 넘어서면 법인으로 전환해야 합니다

개인사업자의 사업에서 발생한 소득은 사업소득으로 최고 49.5%(지방소득세 포함)의 세율에 따른 세금을 부담해야 합니다. 앞에서 제시했던 4가지 절세전략은 일정 소득금액을 넘어서게 되면 절세효과는 아주 미비합니다. 그러나 법인기업으로 전환하면 일정 소득금액을 넘어서는 부분에 대하여 **절세효과가 아주 강력**합니다.

법인기업은 사업에서 발생하는 소득을 여러 형태로 분산할 수 있습니다. 임원으로서 근로소득과 퇴직소득, 주주로서 배당을 받는 소득 분산의 활용과 가족구성원을 임원과 주주로 참여하게 하여 소득을 다변화할 수 있습니다. 이러한 **소득 분산전략은 강력한 절세전략**이 됩니다. 임원과 주주로 등재된 자녀에게 소득을 발생시키면 상속세 재원마련에 대한 준비와 가업승계에 대한 전략도 마련할 수 있습니다.

4
4대 보험

사회보험이란 국민연금, 건강보험, 고용보험, 산재보험을 말합니다. 실제 세금은 아니지만 소득과 재산이 있으면 무조건 내야 하기 때문에 조세의 성격을 가지고 있습니다. 사업주는 근로자에게 임금을 지급할 때 사회보험의 원천징수의무가 있습니다. 누구에게 얼마의 금액을 원천징수하는가는 매우 중요합니다.

특히 건강보험료는 직장가입자, 지역가입자에 따라 계산 방법과 부과금액 차이가 많습니다. 특히 건강보험 피부양자 자격요건이 엄격하게 변경되어 소득과 재산유무에 따라 자격이 상실되는 경우가 있으므로 반드시 확인하여야 합니다.

질문 : 건강보험은 어떻게 징수합니까?

건강보험에서 규정하는 근로자란 그 형태가 정규직, 비정규직, 아르바이트, 프리랜서 등을 불문하고 상용근로자와 일용근로자로 구분합니다.

4대 보험의 일용근로자는 1개월 미만 근무하는 자를 말합니다. 일용근로자를 제외한 모든 근로자는 상용근로자라고 합니다. 일용직근로자를 고용한 사업주는 근로복지공단 또는 고용노동부에 일용직 급여를 지급한 달의 다음 달 15일까지 근로내용확인신고서를 제출하여야 합니다. 반면, 상용근로자는 채용 시 자격취득신고를 하고 퇴사 시 자격상실신고를 하여야 합니다.

일용직근로자(1개월 미만)와 월 60시간 미만 계속근로자는 가입을 하지 않아도 됩니다. 상용근로자는 임금을 지급할 때 보수월액의 **3.825%를 원천징수**하면 됩니다. 왜냐하면 보수월액에 대하여 건강보험료 6.86%와 장기요양보험료(건강보험료의 11.52%)를 합한 7.65%의 반을 근로자가 부담해야 하기 때문입니다.

	일용근로자	상용근로자
근무기간	1개월 미만 근무	1개월 이상 근무
신고	매월 15일 근로내용확인신고서 제출	채용 시: 자격취득신고 퇴사 시: 자격상실신고
보험료율 등	제외	보수월액의 약 7.65%(1/2 부담) 월 60시간 미만 근로자 가입 제외

❓ 질문 : 국민연금은 어떻게 징수합니까?

국민연금은 건강보험과 동일하게 상용근로자와 일용근로자로 구분하고 동일한 방법으로 신고를 합니다. 그러나 보험료율과 대상자는 다르게 적용합니다. 일용직근로자(1개월 미만)와 18세 미만 또는 60세 이상은 본인의 신청으로 가입이 제외됩니다.

상용근로자 중 1개월간 8일 미만 근로자이며, 근로시간이 60시간 미만인 계속근로자는 가입이 제외됩니다. 바꾸어 말하면 근로 형태에 상관없이

1개월간 **8일 이상** 또는 근로시간이 **60시간 이상**인 **일용근로자**는 국민연금에 가입해야 합니다. 임금을 지급할 때 소득월액의 4.5%를 원천징수하면 됩니다.

	일용근로자	상용근로자
근무기간	1개월 미만 근무	1개월 이상 근무
신고	매월 15일 근로내용확인신고서 제출	채용 시: 자격취득신고 퇴사 시: 자격상실신고
보험료율 등	제외	소득월액의 9%(1/2 부담) 18세 미만 또는 60세 이상은 본인의 신청으로 가입 제외 1개월간 8일 미만 그리고 60시간 미만인 계속근로자는 가입 제외
단서조항	1개월간 8일 이상 또는 근무시간이 60시간 이상인 근로자는 가입	

질문 : 고용보험은 어떻게 징수합니까?

고용보험은 상용근로자 일용근로자를 구분하지 않고 65세 이상 또는 월 60시간 미만 계속근로자를 제외한 모든 근로자가 가입 대상입니다. 다만, 월 60시간 미만 계속근로자가 생계를 목적으로 3개월 이상 근무하는 경우에는 가입이 필수입니다. 임금을 지급할 때 월평균보수의 1.6% 중 2분의 1인 **0.8%**를 원천징수하면 됩니다. 150인 미만 기업의 사업자는 0.25%를 추가로 납부하여야 합니다.

질문 : 산재보험은 어떻게 징수합니까?

산재보험은 상용근로자 일용근로자를 구분하지 않고 모든 근로자가 가입대상입니다. 산재보험료는 사업자가 전액 부담해야 합니다. 요율은 업종별로 다릅니다. 18년 보험료율은 45개 업종에 0.007~0.281%. **평균 0.016%로** 적용하고 있습니다.

❓질문 : 직장가입자의 건강보험료 산정 방법은?

직장가입자는 보수월액의 6.86%에 장기요양보험료(건강보험료의 11.52%)를 합한 7.65%를 납부해야 합니다. 사업주가 50%를 부담하므로 **본인은 3.825%만 보험료를** **납부**하면 됩니다. 임금을 지급할 때 원천징수하므로 실제 본인이 직접 납부하지는 않습니다.

건강보험의 월별 급여 소득이 연봉 12억 원이 넘거나 월급 외 다른 소득이 연 6억 원이 넘는 초고소득자라 하더라도 보험료는 최고한도를 적용받아서 납부합니다. 약 670만 원 가량의 건강보험표가 적용됩니다.

Tip 직장가입자 건강보험료

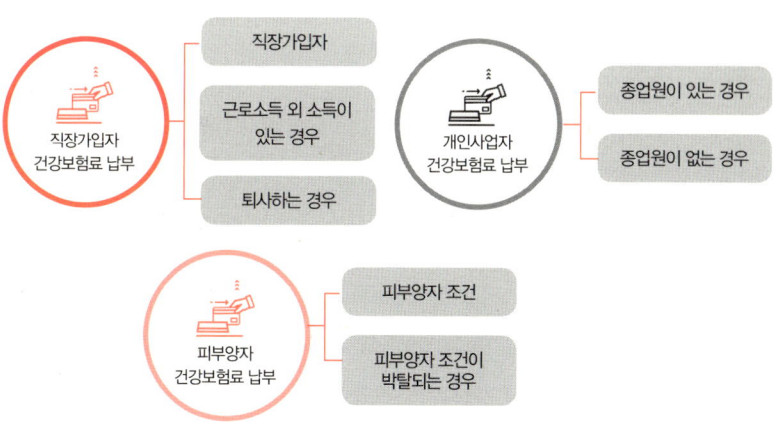

❓질문 : 직장가입자가 근로소득 외 소득이 있는 경우 건강보험료는?

직장가입자의 보수 외 소득월액이 **3,400만 원을 초과하는 경우** 초과된 금액에 대하여 건강보험료가 부과됩니다. 사업·이자·배당 기타소득은 100%를 반영하고, 연금·근로소득은 30%의 소득을 반영하여 소득월액을 계산합니다.

만약 별도의 사업자 등록이 되어 있고 해당 사업장에 종업원이 있는 경우에는 **별도의 직장가입자로 건강보험료를 추가로 납부**해야 합니다. 사업자 등록이 되어 있더라도 종업원이 없고 소득월액이 3,400만 원 이하일 경우에는 건강보험료를 추가로 부담할 필요가 없습니다.

❓질문 : 직장가입자가 직장을 퇴사한 경우 건강보험료는?

지역가입자로 건강보험료를 납부해야 하지만, 건강보험공단에 직장가입자 자격유지 신청을 하면 최대 3년간 자격을 유지할 수 있습니다. 단, 지역가입자 최초 고지 후 2개월 이내 신청하고 최초로 내야 할 보험료를 납부기한까지 납부하여야 합니다.

최근 12개월 보수월액을 평균으로 산정한 건강보험료의 50%만 납부하면 되므로 지역가입자로 납부할 금액과 비교하여 유리한 쪽을 선택하면 됩니다.

❓질문 : 종업원이 있는 개인사업자의 건강보험료는?

사업장 가입자의 보험료는 보수총액에 보험료율을 곱한 금액을 건강보험료로 납부해야 합니다. 개인사업자는 급여를 받는 것이 아니기 때문에 사업을 운영하여 1년간 발생한 **사업소득을 보수총액**으로 합니다. 이때 사업소득은 총수입금액에서 필요경비를 차감한 금액이 소득이 됩니다.

단, 사업소득이 없거나 사업소득으로 산정한 보수월액이 당해 사업장 근로자의 최고월액보다 낮은 경우에는 당해 **사업장 근로자의 최고월액에 해당하는 보수월액**을 개인사업자의 보수월액으로 합니다.

❓질문 : 종업원이 없는 개인사업자의 건강보험료는?

사업장에 종업원이 없거나 종업원이 있어도 사업장 가입자로 신고를 하지 않는 경우에는 **지역 건강보험료가 부과**됩니다. 지역가입자의 경우 소득, 재산 보유현황, 자동차의 종류 등을 기준으로 건강보험료를 계산합니다.

종업원이 없는 **부동산 임대사업자의 경우** 재산에 따라 부가되는 지역 건강보험료가 많이 나옵니다. 이 경우 배우자를 급여를 받는 근로자로 하여 사업장 적용 신고를 하게 되면 본인의 건강보험료는 사업소득을 기준으로 납부할 수 있습니다.

❓질문 : 건강보험 피부양자 조건은 어떻게 됩니까?

국민건강보험법에 따라 피부양자는 직장가입자에게 생계를 의존하는 사람으로서 소득 및 재산이 보건복지부령으로 정하는 기준 이하에 해당하는 사람을 말합니다.

사업자 등록, 사업소득 유무와 재산세 과세표준, 소득월액에 대한 금액에 따라 기존 피부양자 자격을 유지할 수 있습니다.

❓질문 : 건강보험 피부양자 자격이 상실되는 경우는?

① 재산 기준

　　- 재산세 과세표준 9억 초과

　　- 재산세 과세표준 5억 4천만 원 초과 & 연간소득이 1천만 원 초과

② 소득 기준

　　- 종합소득 합계액 3,400만 원 초과

　　- 금융소득(이자소득, 배당소득) 1,000만 원 초과

　　- 사업자등록증이 있으며 사업소득 발생

　　- 사업자 등록증이 없으며 사업소득 500만 원 초과

　　- 임대사업자 미등록시 수입금액 연 400만 원 초과

　　- 임대사업자 등록시 수입금액 연 1000만 원 초과

2부
법인전환을 통한 소득세 절세

법인 전환 무조건 하면 안 된다

- 전문가를 통한 점검
- 전환 유형의 선택
- 법인 설립과 운영 전략의 마련

1
법인전환

❓ 질문 : 법인전환을 검토해야 할 4가지 개인기업

- 성실신고확인 대상 개인기업
- 가업승계를 준비하는 개인기업
- 종합소득세 부담이 큰 개인기업
- 임대부동산을 보유한 개인기업

❓ 질문 : 성실신고확인제도 대상 개인기업?

성실신고확인제도란 일정액 이상의 수입금액(매출액)이 있는 개인사업자가 종합소득세를 납부하기 전에 신고 내용과 증빙서류 등을 의무적으로 **세무대리인에게 검증받도록 하는 제도**를 말합니다. 세무대리인은 매출누락, 가공경비, 업무무관경비 등을 확인합니다. 지출비용에 대한 적격증빙여부와 그에 따라 처리한 금액이 과다하게 계상되었는지 세금계산서, 신용카드 전표, 현금영수증 등을 통해 가공경비를 확인합니다.

이러한 성실신고확인제도 대상자로 선정되면 그동안 관행적으로 해왔던 경비처리 등을 세무대리인이 1차 세무조사 형태로 촘촘하게 검증하므로 법인으로 전환할지에 대한 고민을 해야 합니다.

질문 : 가업승계를 염두에 두고 있는 개인기업?

가업승계란 기업이 동일성을 유지하면서 기업주가 후계자에게 해당 가업의 소유권과 경영권을 다음 세대에게 무상으로 이전하는 것을 말합니다.

조세특례제한법에서는 가업상속공제제도와 가업승계주식 증여세 과세특례제도를 통하여 가업승계를 지원하고 있습니다.

가업상속공제제도는 거주자인 피상속인이 생전에 10년 이상 영위한 중소기업을 상속인이 승계 받는 경우에 최대 500억 원까지 상속 공제하여 가업승계에 대한 상속세 부담을 줄여 주는 제도입니다.

증여세 과세특례제도는 가업승계주식에 대해 부모가 가업을 승계할 목적으로 주식을 자녀에게 증여 시 가업주식(100억 원 한도)의 과세가액에서 5억 원을 공제한 후 10%(과세표준이 30억 원을 초과하는 경우 20%)의 세율을 적용하여 증여세를 계산하여 부과하는 제도로 자녀에게 기업주가 소유한 주식을 저액의 세금으로 사전 증여할 수 제도입니다. 이러한 다양한 제도가 개인사업주의 법인전환을 고민하게 만듭니다.

질문 : 종합소득세 부담이 큰 개인기업?

개인기업에서 발생한 사업소득에 대하여는 최고 45%의 소득세 세율이 적용되지만, 법인기업에서 발생한 사업소득에 대해서는 일반적으로 10% 또는 20%의 법인세 세율이 적용됩니다. 똑같은 2억 원의 사업소득에 대하여 개인은 38%의 세율이 적용되어 5,660만 원의 소득세를 납부해야 하지만 법인은 10%의 세율이 적용되어 2,000만 원의 법인세만 납부하면 됩니다. 다음은 개인기업이 부담하는 소득세와 법인기업이 부담하는 법인세입니다.

과세표준에 따른 세금 부담

개인기업	과세표준	법인기업
~38%	2억 원 이하	10%
38%~42%	2억 원 초과	20%

❓ 질문 : 임대부동산을 보유하고 있는 개인기업?

다음에 해당하는 부동산임대 사업자들은 반드시 점검을 받으셔야 합니다. 부동산 양도소득이 많이 발생하는 경우, 임대사업에 대한 경비가 적어서 소득세 부담이 큰 경우, 법인전환을 하면 다양한 조세지원을 받을 수 있습니다.

현재 보유한 부동산을 자본금으로 하여 **현물출자 법인전환**을 하면, 부동산 양도소득세를 이월과세 받을 수 있으며, 사업자의 소득이 사업소득이 아닌 근로소득 및 퇴직소득으로 변경되므로 소득세를 절세할 수 있습니다.

법인으로 임대사업을 하면 건강보험료가 직장가입자 적용을 받아 보험료 절감을 할 수 있으며, 상속 증여에 대한 세부적 전략마련과 세금을 줄일 수 있는 다양한 방법이 있습니다.

질문 : 법인전환을 망설이는 이유 5가지

성실신고확인제도 대상자 선정에 대한 불편함과 다양한 가업승계제도에 대한 지원, 갈수록 높아지는 소득세 부담 등으로 많은 개인기업이 법인전환을 고민하고 계십니다. 그러나 쉽사리 결정을 내리지 못합니다. 많은 사장님들은 다음과 같은 이유로 아직도 고민하고 계실 것입니다. 이에 대한 명확한 답변을 드리겠습니다.

- 내 돈 마음대로 사용하지 못한다.
- 세금 절세에 도움이 되지 않는다.
- 기업 운영이 복잡하다.
- 세무사가 하지 말라고 한다.
- 주위에서 만류한다.

질문 : 내 돈을 마음대로 사용하지 못한다?

개인기업은 기업 운영을 통해서 들어온 자금을 마음대로 사용할 수 있습니다. 수입금액(매출)에 대하여 아무런 제재 없이 사용하고 다음 해 5월 31일에 종합소득세를 한꺼번에 내는 구조이기 때문입니다. 사업주 1인에게 부과되는 종합소득은 누진과세가 적용되어 최고 42%의 세금을 부담해야 합니다.

그러나 법인기업은 개인기업과 달리 사업의 주체가 회사입니다. 개인은 회사를 소유한 주주이며, 경영을 책임지는 임원입니다. 회사 돈을 마음대로 사용해서는 안 됩니다. **주주는 배당을 통하여, 임원은 급여를 받음**으로써 내 돈이 되는 것입니다. 지급하는 법인은 원천징수의무가 있음으로 원천징수세금을 공제하고 지급 합니다. 즉, 임금 등을 지급받을 때 세금을 부담해야 합니다.

매번 임금을 지급받을 때 세금을 납부하더라도 개인사업자가 1년에 한번 부담하는 종합소득세보다는 더 적은 세금만 부담합니다. 왜냐하면 법인은 급여, 상여, 배당, 퇴직금 등 다양한 방법에 의하여 임금 등을 지급할 수 있기 때문입니다.

사업을 하는 목적은 이윤창출입니다. 이윤이란 수입금액에서 세금을 공제한 가처분 소득을 말합니다. 법인 정관 규정에 따라 다양한 방법의 인출 전략을 마련한다면 자금 사용에 대한 불편함은 없앨 수 있습니다.

❓ 질문 : 세금 절세에 도움이 되지 않는다?

개인기업의 사업주는 수익에 대하여 종합소득세만 부담하면 됩니다. 그에 반해 법인기업의 사업주는 법인세, 근로소득세, 배당소득세, 퇴직소득세 등 다양한 세금을 부담해야 합니다.

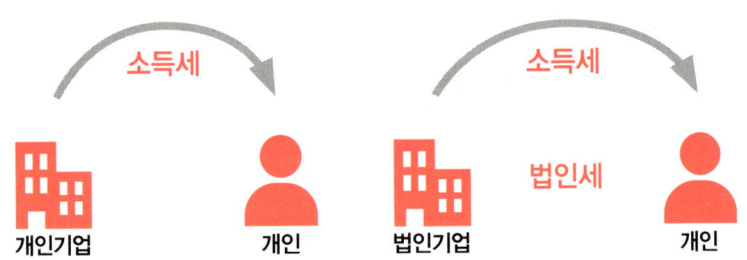

개인기업은 수익에 대하여 비용을 공제한 과세표준에 세율을 곱하여 소득세를 내는 단순한 구조입니다. 그에 반해 법인기업은 수익에 대하여 비용을 공제한 과세표준에 세율을 곱하여 법인세를 내고 나면 유보되는 금액이 있습니다. 이 유보된 금액을 인출할 때 배당소득세를 추가적으로 부담해야 합니다. 이러한 이유로 절세가 되지 않는다고 합니다.

몇 가지 사례를 통해 살펴보면 법인기업에서 발생한 소득을 전액 배당으로 인출한 경우를 제외하고는 개인기업에 비하여 법인기업의 세금 부담이 적습니다.

개인기업	법인기업		비교	차액
5,660만 원	case 1	5,952만 원	개인 〈 법인	+292만 원
	case 2	4,970만 원	개인 〉 법인	△ **690만 원**
	case 3	4,770만 원	개인 〉 법인	△ **890만 원**
	case 4	4,916만 원	개인 〉 법인	△ **744만 원**
	case 5	3,256만 원	개인 〉 법인	△ **2,404만 원**
	case 6	1,350만 원	개인 〉 법인	△ **4,310만 원**

case 1
법인기업 → 급여 X / 배당 100% — ↑ 5% — +292만 원

case 2
법인기업 → 급여 50% / 배당 50% — ↓ 12% — △ 690만 원

case 3
법인기업 → 급여 75% / 배당 25% — ↓ 16% — △ 890만 원

case 4
법인기업 → 급여 100% / 배당 X — ↓ 13% — △ 744만 원

case 5
법인기업 → 급여 (2명) / 배당 (4명) — ↓ 42% — △ 2,404만 원

case 6
법인기업 → 급여 (2명), 퇴직금 (2명) / 배당 (4명) — ↓ 77% — △ 4,310만 원

❓ 질문 : 기업 운영이 더 복잡하다?

개인기업은 사업장임대차 계약서만 들고 세무서를 방문(인터넷에서도 가능)하면 사업자 등록증을 받아 사업을 바로 시작할 수 있지만 법인기업은 법무사(인터넷으로도 가능)를 통해 일정한 요건을 갖추어 법원에 설립신고를 한 후 사업자 등록증을 받아야 사업을 시작할 수 있습니다.

이러한 설립상 차이뿐만 아니라 운영 시에도 등기부등본의 변경이 있으면 법원에 변경등기라는 절차를 거쳐야 합니다. 사업을 그만두는 경우에도 청산절차를 밟아야 합니다. 나열해 놓고 보면 내용이 많아서 복잡해 보이지만 그렇지 않습니다. 기장하는 세무사님이 해 주는 내용입니다. 등기 관련 업무는 법무사에게 소정의 비용만 지불하면 앉아서 해결할 수 있을 정도의 간단한 일입니다.

사업을 하는 궁극적인 목표는 무엇입니까? 가처분소득을 높이는 것입니다. 많은 매출을 올리고 비용을 절약하여 이익을 극대화시키고, 세금을 절세하여 높은 소득을 가져가는 것입니다. 다소 번거로움은 **세무사와 법무사의 도움**을 받으면 됩니다. 사업에서 발생한 이익을 다양한 전략으로 소득 디자인을 한다면 사업주의 소득세 절세뿐 아니라 자산이전에도 더 많은 혜택이 발생합니다.

❓ 질문 : 세무사가 하지 말라고 한다?

조금은 불편한 이야기를 사실에 근거하여 설명하겠습니다. 세무사는 어려운 국가고시를 통과한 세무전문가입니다. 기장을 해 주는 세무전문가는 원천징수세신고, 부가가치세신고, 종합소득세신고 등의 세금 신고를 대행하는 일을 사업주와 계약을 맺고 도움을 주는 사람입니다. 사업주는 일정액의 보수(10만 원 이상의 금액)를 지급합니다.

사업주 회사의 고문 세무사가 아닙니다. 세무방향을 잡고 컨설팅에 대한 비용을 추가적으로 지급하지 않으면 그 일은 세무대리인의 일이 아닙니다. 주위의 세무사들은 이렇게 이야기합니다. "개인사업자로 그냥 유지하는 것이 훨씬 일도 줄이고 수익도 더 많이 생겨서 시쳇말로 가성비(가격대비성능비)가 좋다고" 말합니다. 이런 얘기는 일부 세무사에 한정할 수도 있지만 세무사들도 철저한 사업적 논리에 의할 수밖에 없다는 것을 개인기업 사장님들도 공감하실 겁니다.

더 많은 세무 서비스를 받고 싶다면 지금 지급하는 **수수료의 2배를 지급**하십시오.

❓질문 : 주위 사람들이 만류한다?

사장님에게 그런 이야기를 하는 사람이 전문가입니까? 전문가는 일반인과 달리 그 말에 대한 근거를 제시할 수 있는 사람입니다. 그렇게 이야기하는 사람들에게 근거를 요구하십시오. 그 근거가 논리적이고 정당하고 객관적이어야 합니다.

물론 그 기업이 현재 처해 있는 상황이 꼭 법인기업이 유리하지 않는 경우도 있습니다. 그러나 성실신고확인제도 대상자, 가업승계를 염두에 두고 있는 사업주, 종합소득세 부담이 큰 사업주, 부동산 임대사업을 하고 있는 사업주, 정부정책자금을 받고 싶은 사업주, 자녀에게 사전 증여를 하고 싶은 개인기업의 사업주들은 전문적인 영역에서 오랜 시간 경험이 쌓은 **진짜 전문가에게 "우리 회사는 법인전환하는 것이 정말 좋은지?" 꼭 점검**을 받아 보십시오.

 질문 : 법인전환의 유형 4가지

정부에서는 개인사업자의 법인전환을 유도하기 위하여 조세특례제한법을 통하여 많은 세금을 감면해 주고 있습니다. 조세지원을 받는 법인전환은 현물출자 방법, 세감면 사업양수도 방법, 중소기업 통합에 의한 방법이 있습니다.

개인기업이 처한 환경과 개인기업 사업주의 요구와 의지에 따라 법인전환의 방법적 선택은 달라질 수 있습니다. 보유하고 있는 부동산, 가용 가능한 현금, 가업승계에 대한 의지에 따라 전환시기와 방법을 정할 수 있습니다.

법인전환 유형

- 현물 출자
- 세감면 사업양수도
- 중소기업통합
- 신설법인

❓질문 : 현물출자 법인전환?

　현물출자에 의한 법인전환은 개인기업의 법인전환 방법 중에서 조세 지원 효과가 가장 큰 법인전환 방법입니다. 조세지원 효과가 크기 때문에 토지 건물 등의 **부동산을 가지고 있는 개인기업**이 고려해 볼 수 있는 법인전환 방법입니다.

　개인사업자가 보유 중인 사업용 자산(토지, 건물, 부동산 등) 및 부채를 포괄적으로 현물 출자하여 법인을 설립하는 방법입니다. 출자하는 현물에 대해서는 감정평가사의 평가와 공인회계사의 감사보고서가 필요합니다. 이렇게 준비된 서류를 통해 법원의 인가를 받게 되면 출자한 현물이 설립하는 법인의 사본금이 되어 법인설립을 하게 됩니다. 절차가 복잡하고 시간과 비용이 많이 드는 단점이 있습니다. 그에 반해 양도소득세 이월과세와 취득세 감면 등 다양한 조세지원이 가능합니다.

❓질문 : 세감면 사업양수도 법인전환?

　세감면 사업양수도 방법은 법인에 이전할 자산 규모에 상당하는 자금으로 법인을 설립하고 그 자본금으로 자산을 인수하는 방법입니다. 법인을 신설할 때 자본금은 개인기업의 자산 평가금액보다 많은 현금이 있어야 합니다.

　예를 들어 개인사업을 결산했을 때 순자산이 10억 원이라면, 설립하는 법인의 최소자본금은 10억 원 이상이 되어야 합니다. 이 방법을 선택하기 위해서는 개인사업자가 **거액의 현금을 준비**해야 하는 어려움이 있습니다. 절차와 비용은 현물출자에 비하여 적게 듭니다. 양도소득세 이월과세, 취득세 감면 등은 같으나, 현물출자의 경우처럼 국민주택채권매입의무가 면제되지는 않습니다.

❓ 질문 : 중소기업통합에 의한 법인전환?

중소기업 간의 통합은 중소기업자가 조세특례제한법의 제 요건을 갖추어 통합하는 경우 조세지원을 받을 수 있으며, 개인과 법인을 구분하지 않습니다. 개인 중소기업 간의 통합에 의한 법인신설, 개인 중소기업과 법인 중소기업 간의 통합에 의한 법인 설립, 개인 중소기업이 법인 중소기업에 흡수통합, 개인 중소기업 간의 통합 방법을 통하여 법인으로 전환하는 것을 말합니다. 중소기업 통합 후의 기업 형태는 법인으로 한정합니다. 조세지원 내용은 현물출자 법인전환, 세감면 사업양수도와 마찬가지로 양도소득세가 이월과세 되고 취득세 감면혜택이 있습니다.

❓ 질문 : 신설법인을 통한 법인전환?

새로운 법인을 신설한 후 **기존의 개인사업을 폐업**하는 방법과 법인과 **개인기업을 동시에 운영**하는 방법입니다. 신설법인을 설립하게 되면 자본금이 거액이 아닌 경우(일반적으로 1억 원 미만)에는 자녀, 배우자를 포함하여 주주 구성을 할 수 있습니다. 소득이 없는 자녀의 경우에는 증여공제제도를 활용한 사전증여를 통하여 금전을 미리 증여하면 본인의 자금으로 발기인이 되어 회사의 주주가 될 수 있습니다. 주주가 되면 배당을 받을 수 있어 향후 재무활동에 대한 자금출처의 근거를 마련할 수 있습니다.

개인기업이 부동산을 보유하고 있는 경우 개인기업 소유의 부동산을 법인에 이전하지 않고 법인기업에 임대한 후 임대료를 개인이 받고자 할 때 이용합니다. 임대료를 지급하는 법인은 비용처리가 되어서 법인세를 줄이는 효과가 있습니다.

❓질문 : 영업권에 대하여 알려 주세요

영업권이란 통상적으로 **권리금**이라고도 합니다. 해당기업이 가지고 있는 사업에 관한 우수한 경영능력 등 법률상의 지위, 사업상 편리한 지역적 우위, 영업상의 비법, 높은 대외적 신용도, 우수한 거래처 등 동종의 사업을 영위하는 다른 기업에 비하여 초과수익을 올릴 수 있는 재산적 가치를 말합니다.

❓질문 : 법인전환 시 영업권을 어떻게 활용할 수 있습니까?

개인기업의 사업주인 개인이 새로 설립하는 법인에 평가받은 영업권을 양도하는 것입니다. 기업 운영에 따른 경영능력, 영업상의 비밀, 우수한 거래처 등이 포함된 영업권을 신설하는 법인에 양도하게 되면 양도하는 개인기업의 사업주는 양도대금을 받고, 양수하는 법인은 그 대금을 지급하는 것입니다. 이렇게 양수도를 하게 되면 양도하는 개인은 소득세 절세가 되고 양수하는 법인은 법인세 절세가 됩니다.

❓ 질문 : 영업권을 양도하는 개인이 납부해야 할 세금은?

개인이 양도하는 영업권은 기타소득입니다. 기타소득이란 일시적, 우발적으로 발생한 소득을 말합니다. 타 소득에 비하여 많은 비용을 공제해 줍니다. 전체 금액 중 60%를 비용 공제하여 40%에 해당하는 금액만 수익으로 인식합니다. 개인은 수익의 20%에 해당하는 금액을 원천징수세로 차감한 나머지 금액을 수령합니다.

예를 들어 평가금액이 5억 원인 영업권을 양도하면 대금을 지급하는 법인은 8.8%의 원천징수(4,400만 원)한 나머지 금액을 개인에게 지급합니다. 5억 원의 사업소득과 5억 원의 기타소득을 비교하면 다음 그림과 같습니다.

❓질문 : 영업권을 양수하는 법인은 어떤 혜택이 있습니까?

법인이 양수하는 영업권은 법인의 무형자산으로 분류됩니다. 무형자산은 5년 동안 감가상각을 할 수 있습니다. 매년 1억 원의 감가 상각으로 법인세 2,000만 원을 줄일 수 있습니다. 5년 동안 절세되는 법인세는 1억 1,000만 원(지방소득세 포함)입니다.

❓질문 : 성실신고확인제도에 대하여 알려 주세요

성실신고확인제도란 일정액 이상의 수입금액(매출액)이 있는 개인사업자가 종합소득세를 납부하기 전에 신고 내용과 증빙서류 등을 의무적으로 세무대리인에게 검증받도록 하는 제도를 말합니다. 일부 개인사업자는 매출을 누락하거나 발생하지도 않는 경비를 가공으로 처리하는 등 다양한 방법으로 세금을 탈루하는 경우가 많았습니다.

이에 과세당국은 일정금액 이상 고소득 자영업자만이라도 세무대리인을 통하여 세금탈루 행위에 대한 정밀한 확인을 하고자 도입하게 되었습니다. 성실신고확인제도의 대상이 되는 개인사업자는 해당 과세연도의 다음 연도 6월 말까지 세무대리인의 확인을 받아 종합소득세를 신고 및 납부하여야 합니다.

❓질문 : 성실신고 시 세무대리인이 확인하는 내용은?

세무대리인은 **매출누락, 가공경비, 업무무관경비** 등을 확인합니다. 지출비용에 대한 적격증빙여부와 그에 따라 처리한 금액이 과다하게 계상되었는지 세금계산서, 신용카드전표, 현금영수증 등을 통해 가공경비를 확인합니다.

또한 배우자 등 가족에게 지급한 인건비 내역과 일용직 처리에 따른 가공인건비 여부, 가사경비를 회사경비로 처리했는지, 회사소유차량을 개인이 업무와 무관하게 사용하고 있는지 등의 업무무관경비를 확인합니다. 부실하게 확인한 세무대리인에게는 자격정지 등의 징계 조치를 취합니다.

질문 : 성실신고확인제도 대상자 선정은 어떻게 합니까?

성실신고확인제도의 대상이 되는 개인사업자는 업종에 따라 다릅니다. 해당 연도의 수입금액이 도소매업 등의 경우에는 15억 원 이상, 제조업 등은 7.5억 원 이상, 서비스업 등은 5억 원 이상입니다.

대상 업종/과세연도	2017년 귀속	2018년 이후 귀속
농업, 도소매업, 부동산매매업 등	20억 원 이상	15억 원 이상
제조업, 숙박음식업, 건설업 등	10억 원 이상	7.5억 원 이상
서비스, 부동산 임대업 등	5억 원 이상	5억 원 이상

❓ 질문 : 성실신고확인대상자의 혜택은 무엇입니까?

성실신고확인대상자가 성실신고를 하는 경우에는 세무대리인에게 확인비용으로 지출한 금액의 60%를 세액공제(단, 한도는 100만 원)해 줍니다. 개인사업자는 공제하지 못하는 의료비, 교육비 공제가 가능합니다. 그리고 개인사업자는 매년 5월 31일까지 종합소득세 신고를 하지만 성실신고확인대상자는 한 달을 연기하여 6월 말까지 할 수 있도록 기한을 연장해 줍니다.

❓ 질문 : 성실신고확인대상 법인에 대하여 알려 주세요

2018년도부터 다음의 조건에 해당하는 법인은 3년간 법인 성실신고대상자로 선정되어 성실신고를 해야 합니다.

① 성실신고확인대상 개인기업이 법인으로 전환하는 경우
② 소규모 임대법인에 해당하는 경우

❓ 질문 : 소규모 임대법인이 무엇입니까?

① 상시근로자 수가 5인 미만
② 지배주주 및 특수관계자 지분합계가 전체의 50%를 초과
③ 부동산임대업을 주업으로 하거나 부동산 임대소득이 수입금액의 70% 이상인 법인

2
신설법인 설립 전략

❓ 질문 : 법인 설립 방법을 알려 주세요

법인 설립은 상법 절차에 따라 법원에 등기를 해야 하는 복잡함이 있습니다. 그래서 보통 법무사에게 의뢰를 하는 경우가 많습니다. 자본금 3,000만 원 기준으로 등록세 법무사 보수 등을 합하여 50~100만 원의 비용이 소요됩니다. 법무사 비용이 부담이 된다고 하면 중소기업청에서 제공하고 있는 온라인 법인설립시스템(https://www.startbiz.go.kr)을 이용하면 비용 부담 없이 간편하게 혼자서도 법인을 설립할 수 있습니다.

❓ 질문 : 회사 이름은 어떻게 결정해야 합니까?

개인기업과 달리 법인은 관할 법원의 규제를 받습니다. 같은 관할구역 법원 내에서 다른 법인이 점유하고 있는 법인명은 등기가 불가능합니다. 그렇기 때문에 설립 전에 대법원 인터넷 등기소를 통해 미리 법인상호를 검색하여야 합니다. 동일 관할 구역 내 동종업종에서 사용하고 있는 동일 상호는 사용할 수 없습니다. 만약 한글 이름인 경우에는 띄어쓰기가 불가능하고, 한글과 영어를 섞어서 사용할 수 없습니다. 주식회사 이름은 앞뒤 어디에 넣어도 상관이 없습니다.

❓ 질문 : 법인의 본점 주소는 어떻게 결정해야 합니까?

법인을 설립하기 전에는 법인이 아직 존재하지 않기 때문에 법인의 이름으로 임대차계약을 할 수 없습니다. 가장 깔끔한 방법은 우선 대표이사 이름으로 계약한 뒤 법인이 설립되면 계약자를 법인으로 변경한다는 특약을 넣는 것입니다.

법인을 설립할 때 임대차 계약서는 필요하지 않지만, 사업자 등록을 할 때 세무서에 법인명의의 임대차 계약서를 제출해야 하므로 사업장을 반드시 정하여야 합니다.

통신판매업, 소프트웨어 제작업, 컨설팅업은 가정집에서 사업자 등록이 가능하지만 일부 업종은 사업자 등록이 거절될 수 있습니다. 임시 주소로 법인을 설립해도 무관하지만 사업장 주소와 동일하지 않으면 주소이전 등기를 추가로 하여야 합니다.

❓ 질문 : 공고 방법은 어떻게 결정해야 합니까?

회사에서 공시하는 사항을 주주 채권자 등 이해관계인이 알 수 있도록 회사의 공고는 관보 또는 일간신문에 하여야 합니다. 다만, 회사가 정관에 정하는 바에 따라 전자적 방법(인터넷 홈페이지)으로 할 수 있습니다. 신문사별로 공고에 따른 금액이 상이함으로 그 비용도 고려하여 선택하는 것이 좋습니다.

❓ 질문 : 1주의 금액, 발행할 주식의 총수, 발행주식의 수는 어떻게 결정해야 합니까?

1주의 금액은 균일하여야 하며 100원 이상으로 하여야 합니다. 일반적으로 1,000원, 5,000원, 10,000원으로 정합니다.

발행할 주식의 총수를 '수권주식수'라고 합니다. 회사가 발행하는 주식 총수의 범위 내에서 이사회 결의로 신주를 발행할 수 있습니다. 과거 상법(2011년 4월 14일 삭제)은 '회사가 발행하는 주식의 총수는 발행할 주식 총수의 4분의 1 이상이어야 한다'라고 하였으나 현재는 회사가 발행할 주식의 총수에 대한 제한이 없습니다. 발행주식 수의 4배를 발행할 주식의 총수로 하지 않아도 됩니다.

출자하는 자본금에 따라 1주의 금액과 발행주식의 수를 맞추어서 정하면 됩니다. 보통 자본금이 1억 원이라고 가정하면 1주의 금액과 발행주식의 수를 5,000원과 20,000주로 할 수 있습니다.

❓ 질문 : 사업목적 사항은 어떻게 결정해야 합니까?

법인의 경우 등기부등본에 기재되어 있는 목적사항 범위 안에서 사업을 영위할 수 있습니다. 그러므로 지금하고 있는 사업과 이에 따르는 부수적인 사업 또는 앞으로 진행될 사업까지 기재를 하면 됩니다. 다만, 광범위하게 기재할 수 없고, 구체적으로 기재해야 합니다. 예를 들면 제조업이 아닌 철강 제조업으로 하여야 합니다. 사업자 등록증에는 지금 진행하는 사업의 업태와 종목으로 한정하지만, 차후에 진행할 사업을 미리 기재한다면 향후 목적사항 변경으로 인하여 추가적인 변경등기에 따른 비용과 시간을 절약할 수 있을 겁니다.

질문 : 이사와 감사는 어떻게 결정해야 합니까?

법인회사의 이사는 3인 이상이 원칙이나, 자본금이 10억 미만인 경우에는 1인으로 할 수 있으며 감사의 경우에도 자본금이 10억 미만인 경우에는 두지 않을 수 있습니다. 과거의 관행에 따라 3명의 이사와 1명의 감사가 반드시 필요하지 않습니다. **1명의 이사만 있어도 설립이 가능**합니다. 그러나 일반적으로는 1명의 사내이사와 1명의 감사로 임원 구성을 하는 회사들이 많습니다.

이렇게 하는 이유는 발기 설립 시 이사와 감사는 회사 설립에 관한 사항이 법령 또는 정관의 규정에 위반하고 있지 않은지 조사하여 발기인에게 보고하여야 합니다. 하지만 이사와 감사 중 발기인이었던 자는 조사 보고에 참가하지 못하므로, 공증인을 따로 선임하여 조사 보고를 하여야 합니다.

10억 원 미만의 발기설립의 경우 공증이 면제되는 조항이 있음에도 이사 또는 감사가 전원 발기인이 되면 불필요한 비용이 발생하므로 주식이 없는 이사 또는 감사를 임원으로 구성합니다.

질문 : 주주 구성 시 지분율은 어떻게 하나요?

조세감면을 받는 현물출자 또는 양수도방법으로 법인전환을 하는 경우에는 개인기업의 순자산에 해당하는 거액의 금액을 개인기업의 사업주가 자본금으로 출자해야 합니다. 이 경우에는 주주 구성을 전략적으로 선택할 여지가 별로 없습니다. 그러나 일반적으로 신설법인으로 사업을 시작할 때에는 전략적 주주 구성이 필요합니다. 그 구성 방법에 따라 다양한 법인

운영이 가능하기 때문입니다.

❓ 질문 : 신설법인의 자본금은 얼마로 해야 하나요?

상법에서 정한 최소자본금은 100원 이상이면 됩니다. 그러나 법인을 설립한 후 세무서를 방문하여 사업자 등록증을 발부받기 위해서는 최소 100만 원 이상으로 하여야 합니다. 그러나 통상적으로 자본금을 5,000만 원 혹은 1억 원으로 합니다. 과거 법인 설립 시 최소 자본금이 5,000만 원으로 정하고 있었기 때문이기도 합니다. 법인 설립 때 발생하는 비용은 크게 등록세, 교육세, 법원수수료, 법무사 수수료 등이 발생합니다.

법인 설립에 소요되는 비용을 생각할 때 **최적 자본금은 2,800만 원**이 적절합니다. 왜냐하면 납부할 등록세 최소금액과 향후 증자에 따른 법무사 비용을 고려했기 때문입니다.

❓ 질문 : 업종별 자본금이 있나요?

법인을 설립하는 데 있어서 자본금의 제한은 없지만 일부 업종의 경우에는 최소 자본금요건을 충족해야 사업자 등록이 되기 때문에 법인을 설립할 때 미리 확인해야 합니다.

건설업에 관련된 업종은 최소 2억 원에서 최고 12억 원까지 다양합니다. 실내건축공사업은 2억 원, 건축공사업은 5억, 조경공사업은 7억 원, 토목건축공사업은 12억 원으로 정해져 있습니다. 그러므로 사업목적에 필요한 최소자본금을 확인해야 합니다.

> ❓ 질문 : 이 경우 자본금을 얼마로 해야 하나요?

자본금은 사업을 시작할 때 밑천입니다. 실제 필요한 모든 금액을 주주가 출자한 자본금으로 준비하거나 또는 본인이 회사에 가수금 형태로 금전을 대여하여 준비할 수 있습니다. 예를 들어서 사무실을 임대하기 위해서 보증금이 5억 원이 필요합니다. 이때 5억 원 전액을 자본금으로 출자하는 경우와 자본금 1억 원과 가수금 4억 원으로 사업을 시작하는 경우 어떤 차이가 있는지 살펴보겠습니다. (가정 : 매년 1억 원 인출)

case 1

- 자본금 5억 원으로 시작하는 경우

매년 인출하는 1억 원은 급여, 상여 등으로 수령해야 합니다. 이때 소득세와 4대 보험료가 추가적으로 약 25%가 발생합니다. 4억 원을 인출하는데 **1억 원의 세금 등이 발생**합니다. 만약, 급여나 상여가 아니고 무단으로 가져올 경우에는 가지급금으로 인정이자 및 상환의 의무가 발생합니다. 이러한 가지급금은 횡령 배임 등의 형사적 처벌을 받을 수 있습니다.

case 2

- 가수금 4억 원과 자본금 1억 원으로 시작하는 경우

매년 인출하는 1억 원은 채권자로서 법인에 대여한 돈을 가져오는 것이므로 수령하는 데 **세금 부담이 전혀 없습니다.** 또한 법인은 차입금 4억 원에 대하여 이자(연 4.6%)를 지급하면 법인의 비용으로 처리되어 법인세를 절세할 수 있으며, 수령하는 개인은 추가적인 이자수익이 발생합니다. 그러나 이러한 전략은 회사 부채비율이 높아지는 단점이 있습니다.

질문 : 과점주주에 대하여 알려 주세요

과점주주란 발행주식의 과반수를 소유하고 기업경영을 지배하는 주주를 말합니다. 특정 주주를 기준으로 그 주주 및 그 주주의 친족 또는 특수관계자의 지분의 합이 **50%를 초과**하게 되면 과점주주라고 합니다.

질문 : 과점주주로 하면 어떤 문제가 있나요?

① **2차 납세의무**입니다. 법인이 납부할 세금과 가산금을 법인의 재산으로 납부하지 못한 금액에 대하여 과점주주는 보유지분에 해당하는 만큼 책임을 지게 됩니다. 예를 들어 체납세금이 1억 원이고 과점주주 지분의 합이 70%인 경우 7,000만 원에 대하여 제2차 납세의무가 부여되는 것입니다.

② **간주취득세 납부의무**입니다. 법인이 부동산 등을 취득하게 되면 법인에서 내는 취득세와는 별개로 과점주주도 취득세를 내게 하는 것이 간주취득세입니다. 그러나 설립 당시부터 과점주주였고 그 이후에 보유지분이 늘어나지 않았다면 간주취득세 과세 대상이 아닙니다.

예를 들어 설립 시 1인이 100% 출자한 경우 또는 보유지분이 70%였고, 그 이후 지분이 증가되지 않았다면 간주취득세를 납부할 의무가 없습니다.

질문 : 차명주주를 왜 하나요?

타인의 이름으로 주주등재를 하는 것을 차명주주 혹은 명의신탁주주라고 합니다. 과거 상법에서 규정한 발기인 수를 맞추기 위해 차명으로 주식을 분산하여 주주로 등재한 명의신탁주식이 많이 이루어졌습니다.

그러나 현재 이러한 상법 규정이 개정되어 2001년 7월 24일부터는 발기인 요건이 완화되어 1인 주주로서도 법인을 설립할 수 있게 되었습니다.

발기인 요건 (상법 288조)

1996년 9월 30일까지	1996년 10월 1일 ~2001년 7월 23일	**2001년 7월 24일 이후**
7인 이상	3인 이상	제한 없음

ⓠ 질문 : 차명주주에 대한 대응은 어떻게 해야 하나요?

부득이한 사정으로 차명으로 주주를 분산하는 경우 반드시 향후 주식을 환원할 때 입증자료로 활용할 수 있는 자금이동에 대한 명확한 금융 증빙자료와 **명의신탁약정서** 등 관련서류를 확보해 두어야 합니다.

만약 회사에 차명주주가 있다면 법인 정관에 '**주식양도제한규정**'을 마련하여 법인등기부등본에 등기해 두면 지배주주이며 회사를 운영하는 신탁자의 허락을 득하지 않은 주식이동에 대한 대비가 될 것입니다.

> ✏️ 주식양도제한 규정 (등기사항)
>
> 1) 당 회사의 주식을 양도함에는 이사회의 승인을 얻어야 한다.
> 2) 당 회사의 주식을 주주 이외의 자에게 양도함에는 이사회의 승인을 얻어야 한다.

❓ 질문 : 자녀가 미성년자인 경우도 주주가 될 수 있습니까?

주식회사 법인의 구성원으로는 임원과 주주가 있습니다. 임원은 회사의 경영을 책임지는 사람이고 주주는 회사에 자본금을 투자하고 주식을 취득하여 회사를 지배하는 사람입니다. 미성년자가 회사의 임원인 대표이사, 이사, 감사가 되기 위해서는 최소 16세 이상이어야 하고, 미성년자라면 친권자의 추가적인 서류가 필요합니다.

그에 반해 **미성년자도 주주는 될 수 있습니다.** 다만, 주주는 회사 지분에 해당하는 자본금을 출자해야 합니다. 자본금이 1억 원일 경우 10%의 지분을 가지기 위해서는 발기인으로 참여하여 1,000만 원에 해당하는 주식을 취득하여야 합니다. 이때 실제 회사를 설립하는 부모님이 자녀에게 1,000만 원을 증여하더라도 증여공제금액(2,000만 원) 범위보다 적은 금액이므로 증여세를 납부하지 않고 자녀를 주주로 참여시킬 수 있습니다.

❓ 질문 : 자녀와 배우자를 주주로 등재하게 되면 무엇이 좋습니까?

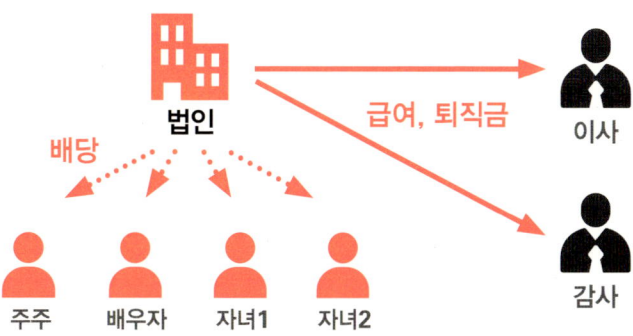

주주는 배당을 받을 수 있는 권리가 있습니다. 회사에 이익이 발생하면 법인세를 납부합니다. 법인세를 납부하고 남은 금액은 매년 법인 내부에 유보금으로 쌓이게 됩니다. 이 유보금이 배당 가능 재원이 됩니다. 주주는 주주총회에서 배당을 결정하여 스스로 가져올 수 있습니다. 이때 자녀와 배우자가 주주로 지분을 소유하고 있으면 **3가지의 장점**이 있습니다.

① 주주가 1명일 경우와 비교하여 **절세되는 금액이 많아집니다.** 주주가 수령하는 배당금은 배당소득으로 종합소득세로 합산과세 되는 소득입니다. 즉, 금액이 많아질수록 더 높은 세율을 적용받아 더 많은 세금을 부담해야 하지만, 이렇게 주주가 분산되어 있다면 적은 세율의 적용으로 세금을 조금만 부담해도 됩니다. 특히 배당소득은 2,000만 원 이하일 경우에는 15.4%(지방소득세 포함)만 납부하면 과세가 종결되기 때문에 절세되는 금액이 훨씬 더 많아집니다.

② 일반적으로 부모가 회사에서 급여 등을 지급받을 때 고율의 소득세를 납부하고 향후 자녀에게 자산을 이전할 때(증여, 상속) 추가적으로 상속세 증여세를 납부합니다. 그러나 자녀가 주주로 등재되어 있으면 자녀에게 배당금을 지급할 때 발생하는 저율의 소득세 **한 번으로 과세가 종결**됩니다. 추가적인 세금을 부담하지 않아도 됩니다.

③ 이렇게 자녀가 소득세를 납부하고 받은 배당금은 향후 재무활동을 통하여 재산을 취득할 때 발생하는 **자금출처조사의 입증자료**로 활용할 수 있습니다.

❓질문 : 과점주주의 위험을 벗어나기 위한 전략은?

사업의 위험이 많다고 생각되면 혼자 100%의 지분을 가지고 회사를 운영하기보다는 **2명이 50%씩 출자하여 법인을 설립**하는 것을 추천합니다. 과점주주가 아니기 때문에 출자할 때 투여한 자본금을 한도로 책임이 주어집니다. 이러한 형태의 경영으로 사업초기의 위험에서 벗어나게 되면 3년이 되기 전에 주식을 회수하여 성장에 집중해야 합니다. 이때 자녀와 배우자에게 주식을 분산하여 향후 인출 전략을 마련할 필요가 있습니다.

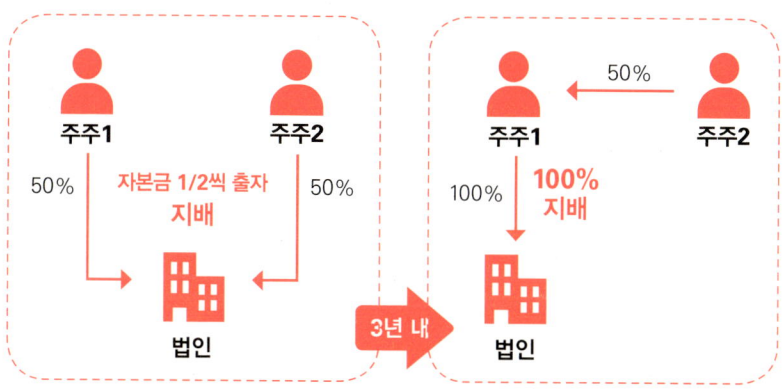

❓질문 : 적극적 과점주주 전략은?

소득이 없는 **자녀를 법인 설립 시 발기인으로 참여**시키는 전략입니다. 증여공제한도 범위 내에서 소액의 금액을 증여하고 그 금액으로 주식을 취득하게 하여 주주 구성을 합니다. 예를 들면, 사업주 본인, 배우자, 자녀1, 자녀2가 한 가족일 경우 지분율은 자녀가 가업승계에 대한 목적이 있는지, 단순한 배당금만을 받을 것인지, 향후 상속세에 대한 대비를 할 것인지 등에 따라 비율을 달리 정할 수 있습니다.

❓ 질문 : 신설법인의 정관은 어떻게 만듭니까?

일반적으로 법인 설립은 법무사가 수행하는 경우가 많습니다. 법무사가 요청한 서류와 인감도장을 준비해 두면 미리 작성한 서류를 가지고 와서 도장을 찍어 법원에 제출하여 승인을 받아 설립등기 업무를 종결합니다.

이때 법원에 제출하는 중요한 서류가 있습니다. 법인 정관입니다. 법인의 정관은 한 나라의 헌법과도 같이 중요합니다. 그런데 대다수의 경우 정관 내용에 대하여 아무런 설명도 듣지 못했고 어떤 결정도 내리지 않았지만 회사 정관은 만들어집니다.

그 이유는 법무사는 각 회사 개별적인 환경에 맞는 규정이 아니라 일반적인 회사에 적용 가능한 **표준정관을 사용**하기 때문입니다. 이제 법인을 설립하고자 하면 법무사를 통해서 우리 회사 정관이 어떻게 생겼는지 미리 확인해 보십시오.

❓ 질문 : 정관에 꼭 기재해야 하는 내용은?

법인의 정관에는, 8가지의 절대적 기재사항과 상대적 기재사항, 임의적 기재사항이 있습니다. **절대적 기재사항**은 법인 설립 시 등기해야 할 내용을 담고 있습니다. 1가지라도 미비하면 설립 자체가 될 수 없습니다.

그에 반해 **상대적 기재사항**은 법인의 성립 자체에는 아무런 영향이 없지만 정관에 기재되어 있지 않으면 효력이 발생하지 않습니다. 상법은 절차법으로 회사를 탄력적, 효율적으로 운영하기 위해서는 상대적 기재사항이

상세하게 기재되어 있어야 합니다.

특히 배당 관련 규정이 허술하게 되면 주주로서 배당금을 받아야 하는 권리에 대하여 제한을 받을 수 있습니다.

절대적 기재사항

목적
상호
회사가 발행할 주식총수
1주의 금액
회사의 설립 시에
발행하는 주식총수
본점의 소재지
회사가 공고를 하는 방법
발기인의 성명,
주민등록번호 및 주소

상대적, 임의적 기재사항

변태설립사항
주주명부 폐쇄기간이 설정
양도제한 규정
신주인수권의 부여
중간배당, 현물배당
임원의 급여 규정
임원의 상여금 규정
임원의 퇴직금 규정
임원의 유족보상금 규정

또한 임원의 보수 관련 내용도 반드시 확인을 하여야 합니다. 표준정관에는 "임원의 보수와 퇴직금은 주주총회 결의에 의한다" 혹은 "임원의 보수와 퇴직금은 주주총회 결의에 의한 보수지급규정에 의한다"라고만 되어 있습니다. 이러한 표준정관의 내용만으로 임원에게 급여, 상여, 퇴직금을 지급하게 되면 향후 **국세청의 세무조사 때** 지급된 금액이 손금불산입 등의 처분을 받을 수 있습니다.

❓ 질문 : 주주총회의 절차는 어떻게 해야 하나요?

성관변경 등 주요한 의사결정은 주주총회에서 다음의 순서에 따라 결의를 해야 합니다.

① 내부품의: 주주총회의 소집시기, 소집지, 소집절차, 안건 등을 위한 품의를 합니다

② 이사회 소집통지: 1주간 전 혹은 정관으로 정한기간에 통지를 발송하여야 합니다. 다만, 이사 및 감사 전원의 동의가 있는 때에는 소집절차 생략이 가능합니다.

③ 이사회의사록 작성: 의사의 안건, 경과요령, 그 결과, 반대하는 자와 그 반대이유를 기재하고 출석한 이사 및 감사가 기명날인 또는 서명하여야 합니다.

④ 주주총회 소집통지: 자본금이 10억 원 미만인 회사는 주주총회일의 10일전에 서면 혹은 전자문서(동의가 필요)로 통지하여야 합니다, 자본금이 10억 원 미만인 회사는 주주 전원의 동의가 있을 경우에는 소집절차 생략이 가능합니다.

⑤ 주주총회의사록 작성: 의사의 경과요령과 그 결과를 기재하고 의장과 출석한 이사가 기명날인 또는 서명하여야 합니다.

❓ 질문 : 정관변경을 위한 주주총회 절차를 알려 주세요

상법상 절차에 따라 주주총회 소집통지를 하고 정해진 기일에 주주들이 참석하면 주주총회를 개최하여 정관 변경에 대한 안건을 결의하고 그 내용을 의사록에 남겨두면 됩니다. 이 때 정관변경에 대한 결의는 주주총회 특별결의 사항입니다. 특별결의란 출석 주주의결권의 3분의 2 이상의 찬성

과 총 발행주식 총수의 3분의 1 이상 의결권의 찬성이 있어야 합니다. 이렇게 작성한 정관은 공증의 의무는 없지만 공증을 통하여 그 날의 주주총회를 개최하였음을 확인하는 절차를 가진다면 향후 행위에 대한 입증을 하는데 도움이 될 수 있을 겁니다.

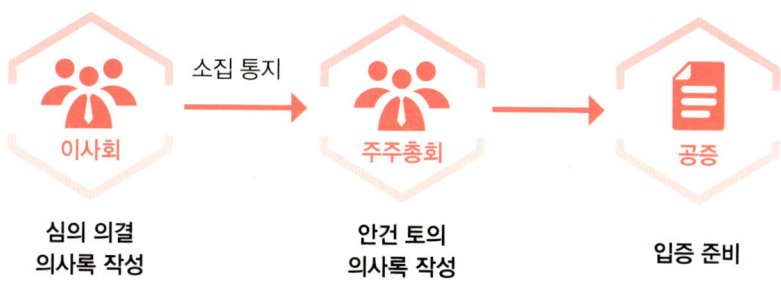

질문 : 주주총회를 진짜로 개최하여야 하는 이유는?

법인이 임원에게 지급한 퇴직급여는 정관에 퇴직급여로 지급할 금액이 정하여진 경우에는 정관에 정하여진 금액을 손금에 산입하도록 하고 있으며(법인세법 시행령 44조 4항), 정관은 주주총회의 결의사항입니다. 이 경우 주주총회의 절차에 흠결이 있는 경우 총회의 결의가 없는 것이 되므로 규정 자체가 무효가 될 수 있습니다. 따라서 주주총회는 진짜로 개최하고 관련된 절차는 반드시 준수해야 합니다.

PART 2
법인 컨설팅

1부
법인의 성장전략

- 재무현황 확인
- 법인세 절세
- 정관, 노무 규정 점검

질문 : 경영자가 재무현황을 파악해야 하는 3가지 이유는?

회사의 전반적인 경영활동을 수치로 요약한 재무보고서는 내부 또는 외부 이해관계자들에게 회사의 다양한 활동을 보여 주고 있습니다. 작성된 재무제표는 경영자의 의사결정과 금융기관으로부터 자금을 융통할 때, 국세청에서 세무조사 대상자를 선정하는 등의 목적으로 사용됩니다. 그러므로 경영자는 재무현황에 대한 파악을 하고 있어야 합니다.

① 경영자의 의사결정에 사용

경영자의 주된 임무는 회사가 보유하고 있는 한정된 인적·물적 자원을 활용하여 최대의 성과를 달성하는 데 있습니다. 밀려드는 주문에 대하여 경영자는 회사의 재무제표를 분석하여 회사의 가용자금과 설비증설에 따른 판매액을 예측하고 추가적인 비용이 필요할 경우 자금조달에 대한 준비를 해야 합니다. 또한 임직원의 급여는 어느 정도 인상시킬 여지가 있는지, 사업다각화 차원에서 어떤 사업을 선택하여 얼마의 자금을 신규로 투자할지에 대한 결정을 할 때 객관적인 자료로 활용할 수 있습니다.

② 금융기관으로부터 자금 조달에 사용

경영자들이 회사를 운영할 때 가장 어려운 점이 자금 부족입니다. 부족한 자금은 금융기관으로부터 조달을 합니다. 자금을 빌려주는 금융기관의 가장 큰 관심사는 자금을 빌려간 회사가 빌린 원금과 이자를 정해진 기간 내에 상환할 수 있는지에 대한 능력입니다. 금융기관은 회사가 작성한 재무제표를 통해 회사의 원리금 상환능력을 파악하고 그에 따라 이자율을 결정합니다. 회사가 필요한 자금을 금융기관을 통하여 저율로 조달할 수만 있다면 경영자는 자금부담 없이 성장에만 매진할 수 있을 것입니다.

③ 국세청에서 세무조사 대상자 선정에 사용

국세청은 기업이 제대로 세금을 납부하고 있는지 관리를 하고 있습니다. 모든 기업에 국세청 직원이 파견하여 일일이 조사할 수 없습니다. 세무대리인을 통하여 세무조정 과정을 거친 결산서를 통하여 회사가 성실하게 세금을 납부하고 있는지 파악합니다. 동종 업종, 유사한 사업 규모를 가진 여러 회사의 재무제표를 분석하여 세금을 얼마나 성실하게 납부하고 있는지 파악합니다. 만약, 작성된 재무제표의 분석결과 불성실하게 세금을 신고했다고 판단되면 세무조사를 통하여 적정성을 점검합니다.

질문 : 경영자가 확인해야 할 3가지 재무제표

재무제표란 회사의 재무와 관련된 여러 가지 보고서를 말하며, 연말에 결산을 해서 만드는 서류라는 의미에서 결산서라고도 합니다. 이러한 재무제표는 회사가 임의로 만드는 것이 아니라 일정한 법률적 규정에 따라 작성합니다. 비상장회사의 경우에는 외부감사기업과 비 외부감사기업으로 구분하여 작성하는 서류가 다릅니다. 비 외부감사기업은 중소기업회계기준에 따른 재무제표 3가지로 구성됩니다. 재무상태표, 손익계산서, 자본변동표 또는 이익잉여금처분계산서입니다. 외부감사회사는 추가로 현금흐름표와 주석을 포함하여 5가지의 보고서를 준비하여야 합니다.

질문 : 재무상태표란?

재무상태표는 일정 시점을 기준으로 누구의 자금을 얼마만큼 조달하여, 조달한 자금이 어떤 형태로 운영되고 있는지를 보여 주는 보고서입니다.

회사가 보유한 자산의 형태와 규모를 보여 주는 자산항목과 부채현황 및 자본현황에 대한 내용을 나타내고 있습니다. 특히 자본현황은 처음 법인 설립 시 투여된 주주의 자본금과 경영성과 중 회사 내 유보되어 있는 이익잉여금을 구분하여 표시합니다.

회사의 외부 이해관계자들은 유동자산과 비유동자산의 비교, 유동자산과 유동부채를 비교하여 회사의 유동성을 평가합니다. 자본과 부채의 비교를 통한 부채비율은 재무안정성을 평가하는 지표로 활용합니다.

재무상태표

20xx년 12월 31일 현재

주식회사 ○ ○ ○ ○ (단위 : 원)

계정과목	당기	계정과목	당기
자 산		부 채	
Ⅰ. 유동자산		Ⅰ. 유동부채	
현금 및 현금성 자산		단기차입금	
단기투자자산		매입채무	
매출채권		미지급비용	
재고자산		Ⅱ. 비유동부채	
Ⅱ. 비유동자산		장기차입금	
투자자산		퇴직급여충당부채	
장기투자증권		부채총계	
장기금융상품			
유형자산		자 본	
토지		자본금	
건물		법정적립금	
기계장치		임의적립금	
무형자산		미처분이익잉여금	
영업권		자본총계	
산업재산권			
자산 총계		부채 및 자본 총계	

❓ 질문 : 손익계산서란?

손익계산서는 1년 동안 회사가 경영활동으로 발생한 매출과 사용된 비용을 보여 줍니다. 매출을 발생시키기 위한 원가, 판매 활동을 위해 소요된 판매관리비, 영업외 발생한 수익과 비용, 법인세 비용을 공제한 당기순이익은 얼마인지 보여 줍니다.

손익계산서

당기 20xx년 1월 1일부터 20xx년 12월 31일까지
전기 20xx년 1월 1일부터 20xx년 12월 31일까지

주식회사 ○○○○ (단위 : 원)

계정과목	당 기	전 기
Ⅰ. 매출액		
Ⅱ. 매출원가		
Ⅲ. 매출총이익		
Ⅳ. 판매비와 관리비		
1. 급여		
2. 퇴직급여		
3. 복리후생비		
4. 임차료		
5. 접대비		
6. 감가상각비		
7. 세금과공과		
8. 광고선전비		
Ⅴ. 영업이익(손실)		
Ⅵ. 영업외수익		
1. 이자수익		
2. 임대료		
3. 투자자산처분이익		
4. 외환차익		
Ⅶ. 영업외비용		
1. 이자비용		
2. 투자자산처분손실		
3. 외환차손		
4. 기부금		
Ⅷ. 법인세차감전계속사업이익		
Ⅸ. 법인세 비용		
Ⅹ. 당기순이익		

회사의 외부 이해관계자들은 효율적인 비용의 관리, 성장가능성, 배당가능이익의 규모, 수익 및 현금흐름 등을 평가하는 지표로 활용합니다.

❓ 질문 : 이익잉여금처분계산서란?

이익잉여금처분계산서는 이월이익잉여금의 변동내역을 보여 주는 재무제표로, 전기와 당기의 이익잉여금을 구분하고 있습니다. 전기에 발생한 오류에 대한 수정과 이익잉여금 처분에 대한 상세한 내역을 나타내며 차기에 이월할 미처분이익잉여금이 얼마인지 보여 줍니다.

이익잉여금처분계산서

당기 20xx년 1월 1일부터 200xx년 12월 31일까지
전기 20xx년 1월 1일부터 200xx년 12월 31일까지

주식회사 ○○○○ (단위 : 원)

구 분	당 기	전 기
Ⅰ. 미처분이익잉여금 　중간배당액 　당기순이익(손실) Ⅱ. 임의적립금 등의 이입액 Ⅲ. 이익잉여금처분액 　이익준비금 　기타법정적립금 　배당금 Ⅳ. 차기이월미처분이익잉여금		

❓ 질문 : 법인세는 어떻게 계산합니까?

법인세는 익금에서 손금을 차감한 각 사업연도 소득금액에 세율을 곱하여 세금을 계산합니다. 그러나 실무적으로는 손익계산서를 통해 확정된 당기순이익을 기초로 세무조정을 거친 사업연도 소득금액에 법인세율을 곱하여 계산합니다. 법인세율은 다음과 같습니다.

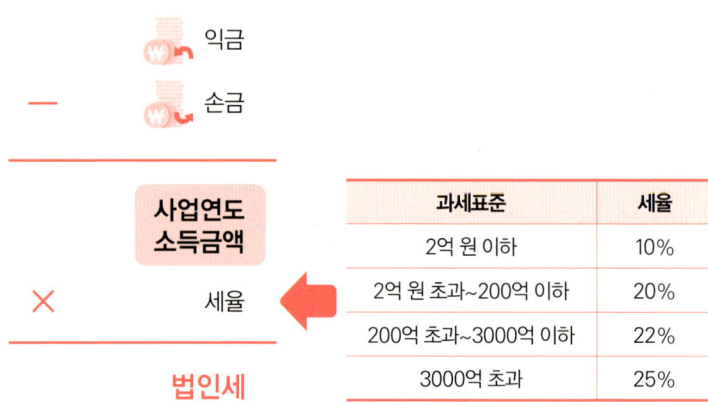

❓ 질문 : 법인세 세무조정이 무엇입니까?

세무조정이란 확정된 당기순이익에서 손금과 익금 관련된 항목을 차감하여 각 사업연도 소득을 산정하는 것을 말합니다.

익금에 관련된 항목과 손금에 해당하지 않지만 비용으로 처리한 항목은 더하여 수익금액을 계산합니다. 또한 손금과 관련된 항목과 익금에 해당하지 않지만 수익으로 처리한 항목은 차감하여 계산합니다.

재무제표의 결산은 수익에서 비용을 차감한 당기순이익을 구하는 것이고 법인세 신고는 익금에서 손금을 차감한 각 사업연도 소득금액을 구하여 세금을 계산합니다. 수익과 익금, 비용과 손금은 거의 동일하기 때문에 익금산입, 익금불산입, 손금산입, 손금불산입 등으로 세무조정을 하여 각 사업연도 소득금액을 구하는 것입니다.

❖ 세무조정 시 조정되는 항목

더하는 항목	익금산입	간주임대료, 가지급금 인정이자
	손금불산입	벌금, 과태료, 접대비 한도초과액, 특정차입금의 지급이자
차감하는 항목	손금산입	감가상각비, 대손요건을 충족한 대손금
	익금불산입	자산평가이익, 주식발행초과금

❓ **질문 : 법인세 절세 방법 3가지**

① **판매관리비 항목을 점검하라**

판매관리비 항목은 상품 또는 제품 및 용역의 판매 활동과 기업의 전반적인 관리 유지를 위하여 회사가 부담한 비용을 말합니다. 인건비관련 비용과 업무 관련 비용으로 구분할 수 있습니다.

– 적정 인건비 비용

임원은 임원보수 규정에 따라 급여와 상여를 지급해야 합니다. 복리후생비는 근로자 수와 인건비 비중을 고려하여 임금의 20% 수준을 맞추면 종업원의 복지증대와 과세표준을 낮추는 효과가 있습니다. 종업원의 퇴직금은 퇴직연금, 임원의 퇴직금은 퇴직연금 또는 CEO 정기보험으로 준비하면 매년 납입되는 보험료가 비용처리되므로 적정 인건비 비용을 점검하여야 합니다.

– 접대비 한도

접대비는 일반중소기업의 경우 기본 연 3,600만 원과 매출액에 따라 추가적인 한도가 주어집니다. 매출액이 100억 원이라면 총 7,100만 원의 접대비를 사용할 수 있습니다. 접대비는 회사 업무와 관련하여 거래처에 제공하는 식대·선물 등의 비용을 말합니다. 반드시 1만 원 이상의 경우에는 법인카드를 사용하여야 적격증빙으로 인정받을 수 있습니다. 그러나 경조사비에 대하여는 간접적 증빙만으로 1회당 20만 원까지 경비로 인정을 받을 수 있기에 반드시 점검하여야 합니다.

② 세무조정 시 더하는 익금 항목을 없애라

가지급금을 정리해야 합니다. 가지급금이 있는 회사는 대표이사가 그 대금에 해당하는 이자를 지급해야 할 의무가 있습니다. 이자는 일반적으로 당좌대출이자율(4.6%)에 해당하는 금액입니다. 이자는 회사의 영업 외 수익이 되므로 과세표준을 높입니다.

회사에서 금융기관 등에 지급하는 이자비용은 비용처리가 가능하지만, 전체 차용금액 중 가지급금에 해당하는 부분의 이자비용은 공제받지 못합니다.

이러한 인정이자와 지급이자손금불산입으로 인하여 보유하고 있는 가지급금의 10%에 해당하는 금액에 대하여 법인세를 추가로 납부해야 하므로 발생 원인에 대한 점검과 해결이 필요합니다.

③ 세무조정 시 차감되는 손금 항목을 반영하라

결산 시 비용항목으로 기록하지 않았지만 세법상 손금에 해당하는 고정자산의 감가상각비, 자산의 평가차손(천재지변 등으로 인한), 대손요건을 충족한 대손금 등의 항목을 반영해야 합니다.

또한 결산 시에는 수익항목으로 기록하였지만, 세법상 익금으로 보지 않는 단기매매증권평가이익, 자산평가차익, 주식발행초과금 등의 항목을 반영하게 되면 사업연도 소득금액을 감소시킬 수 있습니다.

질문 : 법인 정관을 점검해야 하는 이유는?

정관이란 회사의 자치 법규를 말합니다. 회사의 조직과 운영에 관한 근본 규칙을 말합니다. 발기인 전원의 동의로 정관을 작성하고, 발기인이 기명날인 또는 서명하여 법인을 설립할 때 법원에 제출합니다. 이를 원시정관이라고 합니다.

원시정관에는 8개의 절대적 기재사항과 법인 운영의 가장 기본적인 내용이 기재되어 있습니다. 표준정관이라고 합니다.

 모든 회사는 같은 형태로 운영되지 않습니다. 1인 스타트업 기업도 있고 이해관계가 상이한 사람들로 구성된 기업, 가족들이 운영하는 가족형 기업, 직원들이 주주로 참여하여 운영하는 기업, 전문경영인이 운영하는 기업 등 다양한 형태가 있습니다. 단기간에 빠른 성과를 원하는 기업, 장기간에 걸쳐서 지속적인 성장을 원하는 기업, 승계를 염두에 두고 있는 기업 등 기업 운영 철학도 다릅니다. 이러한 기업이 **다 똑같은 자치 법규를 가지고 회사를 운영할 수는 없습니다.**

 우리 회사의 기업 형태와 대표이사의 경영 철학에 따라 법인 정관은 달라야 합니다.

❓질문 : 정관 내용 중 반드시 점검해야 할 3가지

① 상대적 기재사항과 임의적 기재사항을 확인해야 합니다

 유연한 배당 전략을 수립하기 위해서는 2012년 상법개정으로 신설된 중간배당규정과 현물배당규정을 반영하여야 합니다. 만약 차명주주가 있다면 주식양도를 제한할 수 있는 **주식양도제한규정**도 반드시 있어야 합니다.

② 임원의 보수 관련 규정을 확인해야 합니다

 법인세법 시행령 43조 2항에 임원에게 지급하는 상여금 등은 정관에 적법하게 정해져 있지 않으면 손금으로 처리할 수 없다고 되어 있습니다. 세무조사가 나오면 **전액 손금불산입되어** 추가적인 법인세와 가산세를 납부해야 합니다. 임원의 급여 규정, 상여금 규정, 퇴직금 규정, 보상금 규정은 필수 점검사항입니다.

③ 정관 변경에 대한 절차를 확인해야 합니다

정관을 변경하기 위해서는 상법에서 정한 절차를 준수해야 합니다. 이사회에서 주주총회 소집에 대한 안건을 결정하고 주주에게 소집을 통지하고, 정해진 기일에 주주가 참석하여 주주총회를 통해 정관 변경 안건을 결의하고, 그 내용을 의사록에 남겨야 합니다. 정관을 변경하기 위해서는 주주총회의 특별결의가 있어야 합니다.

특별결의란 출석한 의결권의 3분의 2 이상의 찬성과 총 발행주식수의 3분의 1 이상 의결권의 찬성이 있어야 됩니다. 이러한 절차적인 부분에 대해 흠결사항이 있다면 변경된 정관은 과세당국이 요구하는 적법성에 맞지 않습니다.

❓ 질문 : 노무시스템을 점검해야 하는 이유는?

노동법은 **상시근로자 수에 따라 적용되는 법 규정**이 다릅니다. 상시근로자가 5인 미만 사업장은 연장근로시간에 대한 제한이 없고, 시간 외 근로수당에 대하여 가산할증을 하지 않아도 되고, 연차유급휴가 의무도 없고, 종업원을 해고할 때 명확한 요건을 제시하지 않아도 됩니다. 그러나 반드시 최저임금 이상을 지급해야 하며, 근로계약서를 작성하고, 휴게시간을 부여하고, 주휴일을 주어야 하며, 퇴직금도 지급해야 하며, 법정의무교육도 실시하여야 합니다.

노사분쟁이 발생하면 가장 많이 거론되는 것이 임금에 대한 내용입니다. 임금과 관련된 내용은 근로계약서, 임금대장, 취업규칙에 정확히 명기해 두면 사용자의 강력한 입증자료가 될 수 있기 때문입니다.

질문 : 근로계약서의 어떤 내용을 점검해야 합니까?

임금을 목적으로 사업장에 근로를 제공하는 사람을 근로자라고 합니다. 그 형태가 일용직, 단시간, 기간제, 비정규직이라고 하더라도 모두 근로자입니다. 임금을 목적으로 사용종속적인 관계에 있는 근로자에게는 무조건 근로계약서를 작성해야 합니다.

근로계약서는 **임금의 구성 항목, 계산 방법 및 지불 방법에 대한 내용과 소정근로시간, 휴일, 연차휴가, 업무 내용**을 명확히 하여 작성해야 합니다. 이러한 근로계약서의 작성이 향후 노사분쟁이 발생할 때 사업주의 입증자료로 활용됩니다. 근로기준법에서 요구하는 내용을 담은 근로계약서 서식을 준비하여 모든 근로자와 근로계약서를 작성하여야 합니다.

질문 : 임금대장의 어떤 내용을 점검해야 합니까?

근로자에게 지급하는 임금은 **최저임금** 이상을 지급하여야 하고, 소정근로시간을 초과하여 근로를 제공한 근로자에게는 **통상임금에 따른 가산임금**을 지급해야 합니다. 지급되는 총액을 기준으로 최저임금을 확인할 것이 아니라 임금대장의 구성요소를 확인해야 합니다.

최저임금은 근로자에게 지급하는 총액을 기준으로 계산하는 것이 아니라, 지급하는 금액 중 최저임금 산입범위에 포함되지 않는 비과세급여, 복리후생 수당, 매월 지급하지 않은 상여 등을 제외하고 계산합니다.

아울러 통상임금을 계산하여 그 임금을 기초로 가산임금이 지급되고 있는지도 확인해야 합니다.

❖ "연봉 5,600만 원, 최저임금법 위반"

2018년 12월 25일 〈조선일보〉에 보도된 내용입니다. 현대자동차에 근무하는 직원의 연봉이 5,600만 원임에도 2019년부터는 최저임금법 위반이라는 도무지 이해하기 힘든 뉴스입니다.

살펴보면 실제 지급받는 월 환산 급여는 467만 원입니다. 그러나 최저임금계산에 포함하는 임금은 170만 원뿐입니다. 나머지 임금은 최저임금에 포함되지 않기 때문에 2021년 최저임금 183만 원에 미달하므로 최저임금법 위반이 되는 것입니다.

현대자동차 xxx님 임금대장

구분	금액(만 원)	비고
기본급	150	매월 지급
고정수당	20	매월 지급
정기상여금	125	격월로 250만 원 지급
기타수당	80	매월 지급
성과급	84	연말 1,000만 원 지급
합계	467	

❓ 질문 : 취업규칙의 어떤 내용을 점검해야 합니까?

위에서 설명한 현대자동차 직원의 시급을 계산하면 6,996원입니다. 시급계산은 임금을 근무시간으로 나누어서 계산하는데, 현대자동차는 근무시간으로 209시간이 아닌 244시간을 사용합니다. 이렇게 근무시간을 244시간으로 사용하는 이유는 현대자동차의 취업규칙에 주휴일 외에 토요일을 유급휴일로 지정하고 있었기 때문입니다.

우리 회사 취업규칙에는 토요일이 어떻게 규정되어 있는지, 국경일(빨간 날)은 어떻게 규정되어 있는지 확인해야 합니다. 근로자가 퇴사 후 미지급 임금에 대하여 임금청구를 하게 되면 사업주는 무조건 지급해야 합니다.

2부
법인의 위험관리전략

- 가지급금
- 차명주신
- 미처분 잉여금

❓ 질문 : 가지급금이 무엇입니까?

가지급금이란 실제의 현금 등의 지출은 있었지만 거래의 내용이 불분명하거나 거래가 완전히 종결되지 않아 계정과목이나 금액이 미확정인 경우 또는 확정적인 거래는 있었으나 세법상 정규증빙을 수취하지 못하는 경우에 일시적으로 표시하는 계정과목입니다. 이러한 가지급금은 연말 결산 시 대표이사의 자금대여금으로 처리합니다.

❓ 질문 : 가지급금이 발생하는 이유 5가지

발생원인
- 자본금 가장납입
- 거래관행
- 회계처리 미숙
- 분식회계
- 대표이사의 개인적 사용

❓ 질문 : 자본금 가장납입으로 발생?

법인 설립이나 유상증자 시 실제 대금을 납입하지 않고 납입한 것처럼 일부러 꾸미는 행위를 자본금 가장납입이라고 합니다. 법인 설립 시 필요한 자본금에 대한 증빙은 주금납입증명서 혹은 잔고증명서가 있으면 가능합니다. 자본금은 주주가 회사운영을 위하여 실제 현금 등을 납입하고, 회사 운영에 맞추어서 지출되어야 합니다.

그러나 법인을 설립하는 과정에서 주주가 법인 자본금을 정상적으로 납부하지 않고, 일시적인 차입금으로 주금납입 형식을 취하여 회사 설립 절차를 마친 후 곧바로 그 납입금을 인출해 차입금을 변제합니다. 이러한 자본금에 대한 가장납입이 가지급금의 발생 원인이 됩니다.

❓ 질문 : 거래 관행 때문에 발생?

주로 건설업의 하청업체가 공사를 수주할 때 많이 발생합니다. 실제 1억 원의 공사를 수주하고도 원청에서 요구하는 리베이트 2,000만 원을 지급하기 위해 1억 2,000만 원의 세금계산서를 발급하고 1억 원을 수금하는 경우가 많습니다. 이런 관행으로 발생합니다. 그리고 영업을 할 때 과도한 접대로 인하여 발생한 경비를 회계처리 하지 못하는 경우 가지급금이 발생합니다.

❓ 질문 : 회계처리가 미숙해서 발생?

자체 가장을 하는 회사의 기장 능력과 자금관리 능력이 부족하여 회계처리를 원활히 하지 못하는 경우 발생합니다. 그리고 기장대행을 하고 있는 대다수의 회사도 실제 비용을 지출하였으나 증빙할 수 있는 자료를 미리 챙기지 못하거나 세무대리인의 요청에 적격증빙을 전달하지 못하는 경우, 가지급금이 발생합니다.

❓ 질문 : 분식회계 때문에 발생?

분식회계란 회사의 실적을 좋게 보이게 할 목적으로 회사의 장부를 조작하는 것을 말합니다. 가공의 매출을 기록한다든지 비용을 적게 계상하거나

누락시키는 등으로 결산 재무제표상의 수치를 왜곡하는 것입니다. 이러한 분식회계를 하는 이유는 금융기관에서 대출을 받을 때 혹은 입찰 관련 손익을 맞추기 위해서 당기순이익을 높이고자 할 때 사용합니다. 이러한 분식회계로 인하여 발생하지 않은 이익이 과대 계상되기 때문에 가지급금은 지속적으로 쌓이게 됩니다.

 질문 : 대표이사의 개인적인 사용으로 발생?

대표이사는 회사의 임원으로서 내규에 따른 적정한 급여와 상여를 받아야 합니다. 이러한 급여와 상여는 소득세와 함께 4대 보험료를 원천징수합니다. 이러한 세금부담 때문에 대표이사로서의 우월적 지위를 이용하여 회사 자금을 마음대로 인출하여 사용합니다. 또는 법인의 명의로 금전을 차입하여 개인이 사용하거나, 법인의 자금으로 자산을 취득하여 대표이사 명의로 하는 경우에 가지급금이 발생합니다.

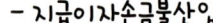 질문 : 가지급금이 있는 회사의 위험 5가지

- 인정이자
- 지급이자손금불산입
- 법인세 증가
- 소득세 증가
- 형사적 처벌

질문 : 인정이자란?

대표이사는 회사에서 발생한 가지급금에 대한 상환의무가 있습니다. 또한 그 상환이 완료되기 전 해당 금액에 대한 이자를 납부해야 합니다. 이자는 회사가 금융기관 등으로부터 차입한 대금의 가중평균이자율에 따라 납부해야 합니다. 그러나 실무적으로는 이러한 가중평균이자율을 산정하여 계산하지 않고 **당좌대출이자율인 4.6%를 적용**합니다. 만약 가지급금이 10억 원이라고 하면 인정이자는 4,600만 원(1억 원×4.6%)입니다.

질문 : 지급이자가 손금불산입이란?

가지급금이 있는 회사는 금융기관 등을 통하여 차입한 금액에 해당하는 이자를 전액 비용으로 처리할 수 없습니다. 원칙적으로 회사 운용을 위하여 차입한 자금에 대한 이자는 영업외 비용으로 비용처리가 가능합니다. 그러나 가지급금이 있다면 전체 차입금 중에서 가지급금에 해당하는 자금은 비용처리를 받을 수 없습니다. 예를 들어 회사 차입금(이자율 연 7%)이 30억 원이고 가지급금이 10억 원인 경우라면 차입금 20억 원(30억 원-10억 원)에 대해서만 손금처리가 가능하여 7,000만 원에 해당하는 **이자를 손금처리를 받을 수 없습니다.**

❓ 질문 : 법인세 증가이유는?

법인세는 사업연도 소득금액에 세율을 곱하여 계산합니다. 가지급금으로 발생한 인정이자와 지급이자 손금불산입으로 인정받지 못한 이자금액은 사업연도 소득금액을 증가시킵니다. 사업연도 소득금액이 증가하면 법인세가 많아집니다. 예를 들어 가지급금 10억 원이 있는 경우 납부해야 할 법인세는 2,320만 원이 증가합니다(가정: 인정이자율 4.6%, 차입금이자율 7%, 법인세율 20%).

당기순이익

+ 익금산입 : 4,600만 원
+ 손금불산입 : 7,000만 원

사업연도 소득금액

사업연도 소득금액 1.16억 원 상승으로
법인세 2,320만 원 추가납부

❓ 질문 : 대표이사 소득세 증가이유는?

가지급금 인정이자는 대표이사가 납부해야 합니다. 개인의 돈으로 납부해야 합니다. 납부하지 않을 경우에는 회사가 대표이사에게 상여처분하고 그 상여금으로 이자를 납부하게 합니다. 예를 들어서 가지급금이 10억 원인 경우 **대표이사에게 상여처분**하면 소득세는 2,477만 원이 증가(소득세율 35% 가정)합니다. 소득에 연동되는 건강보험료도 함께 증가합니다.

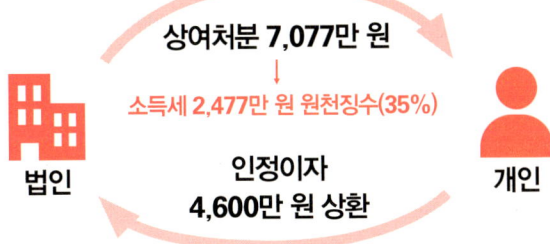

가지급금 10억에 따른 대표이사 소득세 증가?

상여처분 7,077만 원
소득세 2,477만 원 원천징수(35%)
인정이자 4,600만 원 상환

법인 / 개인

질문 : 대표이사가 형사적 처벌을 받는 이유는?

대표이사에게는 법률적 책임이 따릅니다. **횡령 또는 배임**으로 형사적 처벌을 받을 수 있습니다. 횡령의 사전적 의미는 타인의 재물을 보관하는 자가 그 재물을 무단으로 사용하거나 그 반환을 거부함으로써 성립되는 죄를 말합니다. 배임은 주어진 임무를 져버려서 회사에 재산상의 손해를 주는 죄입니다. 법인에는 많은 이해관계자들이 있습니다.

회사의 주인인 주주와 자금을 대여해준 금융기관, 상품을 공급해 준 매입처와 같은 채권자들과 세금을 받는 과세관청 등 다양한 이해관계자들이 있습니다. 회사의 자금이 불분명한 목적으로 사용되었다면 회사를 책임지는 대표이사에게 그 책임을 물어 횡령 또는 배임의 형사적 처벌이 주어집니다.

❓ **질문 : 가지급금을 확인하는 방법 3가지**

- 재무상태표
- 손익계산서
- 세무조정계산서

❓ **질문 : 재무상태표에서 무엇을 확인합니까?**

재무상태표의 자산항목 중 유동자산 항목을 살펴봅니다. 가지급금이 다양한 계정과목으로 기재되어 있기도 합니다. 주임종 단기대여금, 주임종 단기채권, 단기대여금, 기타의 단기대여금 등으로 나타나 있으면 대표이사의 가지급금일 경우가 많습니다. 아울러 미수이자 혹은 미수수익이 있는 경우도 가지급금이 있다고 추정할 수 있습니다. 매출채권과 재고자산은 일반적으로 회사 매출 규모와 연동됩니다. 만약 업종 평균보다 과다할 경우에 가지급금일 확률이 높습니다.

재무상태표
20xx년 12월 31일 현재

주식회사 ○○○○ (단위 : 원)

계정과목	당 기	계정과목	당 기
자 산		부 채	
Ⅰ. 유동자산		Ⅰ. 유동부채	
단기대여금		Ⅱ. 비유동부채	
주임종 단기대여금		부채총계	
주임종 단기채권			
기타 단기대여금		자 본	
미수이자		자본금	
매출채권 / 재고자산		미처분이익잉여금	

❓ 질문 : 손익계산서에서 무엇을 확인합니까?

회사가 보유하고 있는 보통 통장의 잔고와 비교하여 많은 이자수익이 발생한 것은 가지급금의 인정이자일 확률이 높습니다. 대표이사가 납부한 가지급금 인정이자는 법인의 영업외 수익으로 이자수익에 해당되기 때문입니다.

손익계산서

당기 20xx년 1월 1일부터 20xx년 12월 31일까지
전기 20xx년 1월 1일부터 20xx년 12월 31일까지

주식회사 ○○○○ (단위 : 원)

계정과목	당 기	전 기
Ⅰ. 매출액		
Ⅱ. 매출원가		
Ⅲ. 매출총이익		
Ⅳ. 판매비와 관리비		
Ⅴ. 영업이익(손실)		
Ⅵ. 영업외수익		
이자수익		

❓ 질문 : 세무조정계산서의 어떤 내용을 확인합니까?

세무조정계산서의 '업무무관 부동산 등에 관련한 차입금 이자조정명세서(갑)'을 살펴보면 지급이자 손금불산입에 대한 내용이 나타나 있습니다. '가지급금 등의 인정이자 조정명세서(갑)'을 보면 가지급금에 대한 적수와 인정이자가 얼마인지가 명확히 나타나 있습니다. '가지급금 등의 인정이자 조정명세서(을)'을 보면 가지급금이 누구에게 귀속되었는지 가지급금의 소유자를 확인해 볼 수 있습니다.

질문 : 가지급금을 정리하기 위한 방법 6가지

- 개인재산으로 상환
- 급여, 상여로 상환
- 배당으로 상환
- 퇴직금으로 상환
- 자사주로 상환
- 산업재산권으로 상환

질문 : 개인재산으로 상환하는 방법이란?

가장 간단하고 현실적인 방법입니다. 현금으로 상환하게 되면 추가적인 세금 부담이 없지만 기타 재산의 경우에는 상환에 따른 절차와 세금이 발생합니다. 개인이 소유한 부동산으로 상환할 때에는 부동산에 대한 감정평가를 통하여 가액을 정해야 합니다. 매도하는 개인은 양도소득세를 부담해야 하고 매수하는 법인은 추가적으로 취득세 등의 관련 세금을 납부해야 합니다.

또는 개인이 기 가입하고 있던 보험 상품으로 상환할 수 있으며, 현금 외 기타 재산으로도 상환할 수 있습니다. 이 경우 전문가를 통한 가액의 결정과 관련 세금을 면밀히 검토하여야 할 것입니다. 만약 대표이사가 특허권이나 상표권 등 영업권이 있는 경우에는 감정평가사의 평가를 통하여 금액을 산정하여 법인에 양도하여 상환할 수 있습니다.

❓ 질문 : 급여 및 상여금을 받아 상환하는 방법이란?

기존에 받는 급여를 인상하거나 매년 상여금을 받아서 가지급금을 상환하는 방법입니다. 이렇게 급여 등으로 상환하게 되면 소득세 및 4대 보험료는 증가하지만 법인세는 절감되는 효과가 있습니다. 많은 금액을 정리하기에는 다소 무리가 있지만, 가지급금이 적은 회사나 매년 발생될 가지급금이 있는 경우에는 효과적인 방법이 될 수 있습니다.

이렇게 급여나 상여금을 추가적으로 지급받기 위해서는 반드시 법인 정관의 임원보수 규정에 대한 확인이 필요합니다. 정관에 임원의 상여금 규정이 없거나 그 금액을 초과하여 상여금을 지급하게 되면 손금불산입되기 때문입니다.

❓ 질문 : 배당을 받아 상환하는 방법이란?

정기배당 혹은 중간배당을 받아서 상환하는 방법입니다. 지급받는 배당금이 2,000만 원 이하라면 배당소득세 15.4%(지방소득세 포함)만 부담하면 4대 보험료는 납부하지 않아도 됩니다. 만약 2,000만 원을 초과하여 배당을 받게 되면 타 소득과 합하여 종합소득세를 계산해야 합니다.

이 방법은 가지급금이 적은 회사나 매년 발생될 가지급금이 있는 경우에는 효과적인 방법이 될 수 있습니다. 중간배당을 실행하기 위해서는 법인의 정관에 해당 규정이 반드시 있어야 합니다. 많은 배당을 받게 되면 소득세 증가와 추가적으로 4대 보험료가 늘어날 수 있습니다.

질문 : 퇴직금을 받아 상환하는 방법이란?

실제 퇴직을 하거나 현실적인 퇴직의 조건에 맞는 경우에 취할 수 있는 제한된 방법입니다. 과거에는 현실적인 퇴직의 조건 중 '임원의 보수를 연봉제로 전환하는 조건'이 포함되어 있었습니다. 그러나 2016년 이후부터는 이러한 사유로 중간정산을 할 수 없게 되었습니다.

이러한 제한적인 방법임에도 실제 퇴직이 이루어진다면 적은 세금으로 많은 가지급금을 정리할 수 있습니다. 많은 퇴직금을 받아서 가지급금을 정리하기 위해서는 퇴직 전 3년간의 연봉이 얼마인지, 퇴직금 지급배수가 몇 배로 되어 있는지가 중요합니다. 만약 임원의 퇴직금 지급 규정이 없거나 미비하다면 정관 변경을 통하여 임원의 퇴식금 시급 규정을 반드시 준비하셔야 합니다.

질문 : 주식지분을 법인에 매각하여 상환하는 방법이란?

가지급금의 규모가 상당하고 회사의 주식가치가 높은 기업의 주주인 대표이사가 보유한 주식을 회사에 양도하여 그 대금으로 가지급금을 상환할 수 있습니다.

2012년 4월 15일부터 비상장회사도 자기주식의 취득이 가능해졌습니다. 각 주주가 가진 주식 수에 따라 균등한 조건으로 배당가능 이익의 범위 안에서 평등하고 공정하게 자기주식을 취득할 수 있게 되었습니다. 양도하는 주주는 회사가 자기주식을 취득하는 목적에 따라 양도소득세 혹은 배당소득세를 납부해야 합니다. 양도의 목적인 경우에는 양도차익에 대하여 25%(3억 이상)의 양도소득세를 납부하면 됩니다.

자기주식으로 상환하는 방법은 여러 가지 세무적 이슈들이 완전하게 해결되지 않은 방법이기에 되도록 조심스럽게 접근해야 합니다. 최근 판결 내용을 살펴보면 상법 규정에 따른 절차를 준수했다 하더라도 자기주식 취득이 또 다른 가지급금으로 처리된 사례가 있습니다. 특정 법인의 오너에게 우회적인 자금 지원이 목적이 있다면 과세당국은 부당한 거래로 간주한다는 것입니다.

취득에 대한 정당성과 절차의 정확성, 확실한 사후 관리가 되지 않은 자기주식 취득은 많은 세무적 위험이 있으므로 전문가를 통하여 진행하여야 할 것입니다.

❓ 질문 : 산업재산권을 활용하는 방법이란?

산업재산권이란 특허권, 실용신안권, 상표권 및 의장권을 말합니다. 개인이 기존에 보유하고 있는 특허 혹은 대표이사가 발명자가 되어 신규로 특허를 취득하여 법인에 양도하는 것입니다. 산업재산권출원 및 등록과정에서 발명자로 기재되어 있더라도 관련 부속서류나 사실관계가 미흡할 경우 문제의 소지가 있습니다.

또한, 산업재산권의 평가금액의 적정성이 중요합니다. 양도하는 대표이사와 양수하는 법인이 특수관계자 간의 거래이기 때문입니다. 시가보다 높게 거래할 경우 법인세법 및 소득세법에 따라 부당행위로 인한 계산 부인을 당할 수 있습니다.

❓ 질문 : 가지급금을 상환하지 않고 법인을 청산하게 되면?

법인을 폐업하기 위해서는 청산절차를 밟게 되어 있습니다. 만약 가지급금이 있으면 그 금액은 대표이사에게 상여처분하게 됩니다. 이때 상여처리되는 금액은 손금불산입 처리되어 법인세와 소득세를 증가시킵니다. 예를 들어 가지급금 10억 원을 청산하는 시점에 정리한다면 소득세 등으로 약 **5.58억 원**, 법인세 약 **3.1억 원**을 추가로 부담하게 됩니다.

❓ 질문 : 명의신탁주식이 무엇입니까?

'명의신탁'이란 소유관계를 공시하도록 되어 있는 재산에 대하여 소유자 명의를 실소유자(명의신탁자)가 아닌 다른 사람(명의수탁자) 이름으로 해 놓은 것을 말합니다.

'명의신탁주식'이란 주식이 본인의 소유임에도 다른 사람의 이름으로 주주명부에 등재하는 것을 말합니다. 실무에서는 차명주식과 혼용하여 사용합니다.

❓ 질문 : 주식을 명의신탁하는 이유 3가지

- 최소 발기인 요건 때문
- 과점주주를 피하기 위해서
- 세금 회피 목적

❓ 질문 : 상법상의 최소 발기인 요건이란?

구 상법은 주식회사를 설립하기 위한 최소 발기인 수를 7인 이상 (1996.9.30.), 3인 이상(2001.7.23.)으로 규정하였습니다. 이러한 최소 발기인 요건을 맞추기 위해서 실제 회사 설립에 관여하지 않은 타인(친구, 직원, 가족)을 주주로 구성하였습니다. 그러나 2001년 7월 24일 이후부터는 상법 개정으로 발기인 1인도 주식회사를 설립할 수 있게 되었습니다.

그러나 아직도 과거 관행에 따라 주주가 3인이 되어야 하는 것으로 알고 타인을 차명주주로 등재하기도 합니다.

발기인 요건 (상법 288조)

1996년 9월 30일까지	1996년 10월 1일~ 2001년 7월 23일	**2001년 7월 24일 이후**
7인 이상	3인 이상	1인 이상

❓ 질문 : 과점주주를 피하고자 하는 이유는?

과점주주란 특정 주주를 기준으로 특수관계자의 주식 비율이 법인의 총 발생주식수의 50%를 초과하여 보유한 주주를 말합니다. 이러한 과점주주가 되면 법인이 납부해야 할 국세, 지방세에 대해 2차 납세의무가 발생합니다. 체납세액이 발생하면 과점주주가 연대하여 납부해야 합니다.

또한 간주취득세 납부의무가 발생합니다. 법인이 취득하는 재산에 대하여 취득세 납부의무가 발생합니다. 그러나 설립 시에 형성된 과점주주가 지분율의 증가가 없다면 이 의무는 아무런 의미가 없습니다.

이러한 과점주주로서의 법인 납부세액의 2차 납부의무와 간주취득세 납세의무를 벗어나고자 명의신탁을 합니다.

질문 : 세금이 어떻게 줄어드나요?

회사에서 배당액이 결정되면 주주 지분에 따른 배당이 이루어집니다. 주주는 배당금을 수령하고 그에 해당하는 배당소득세를 납부해야 합니다. 배당소득세는 금융소득으로, 1인당 2,000만 원에 대해서는 14%의 세금만 납부하면 되지만 초과하는 소득은 종합소득합산과세가 되어서 누진세율이 적용됩니다.

최고 45%가 부과되기 때문에 이를 회피하기 위해서 타인을 차명주주로 등재합니다.

질문 : 명의신탁을 빨리 해결해야 하는 이유 5가지

- 수탁자의 변심
- 입증이 힘들어 짐
- 자본거래의 위험성 때문
- 차명주주의 소수주주권 행사
- 증여세 부과

명의신탁 재산은 대내적 관계에서는 수탁자(가짜 주주)의 명의로 등기가 되어 있다고 하더라도 신탁자(진짜 주주)가 소유권을 보유하며, 재산을 관리합니다. 이러한 법률관계에도 불구하고 명의수탁자가 자기 소유라고 주장한다든지, 수탁자가 사망하게 되어 권리관계에 대한 분쟁이 발생합니다.

이러한 분쟁을 사전에 예방하기 위해서 명의신탁 주식은 다음의 5가지 이유로 반드시 해결되어야 할 것입니다.

❓ 질문 : 수탁자(가짜 주주)의 변심과 사망이란?

회사의 자산가치가 증가하여 주식의 가치가 높아진 사실을 수탁자가 알게 된 경우와 명의신탁자가 불의의 사고가 생기는 경우에 수탁자는 자신의 재산이라고 주장할 가능성이 아주 높아집니다.

수탁자의 사망이 발생하여 상속이 개시되면 명의신탁된 주식도 상속재산에 포함됩니다. 수탁자의 상속인들이 피상속인의 재산이라고 주장하게 되면 법정 소송에 휘말리는 경우가 발생하기도 합니다.

❓ 질문 : 입증이 힘들어지는 이유는?

명의신탁해지를 통한 주식을 환원할 때 가장 중요한 증거자료가 오랜 시간이 흐르게 되면 소멸될 확률이 높아집니다.

❓ 질문 : 자본거래의 위험성이란?

회사가 성장하여 증자를 하게 되는 경우 명의수탁자에게 추가로 배정이 이루어지면 증자 당시의 주식평가 가액으로 새로운 명의신탁이 발생합니다. 추가적으로 발생한 명의신탁주식은 향후 엄청난 증여세를 부담해야 합니다.

자본금 증자를 실행하기 전에 반드시 명의신탁주식을 해결해야 추가적인 증여세 문제가 발생하지 않습니다.

❓ 질문 : 차명주주의 소수주주권 행사란?

2017년 대법원 판례에 차명주주에게도 소수주주권은 인정된다고 하고 있습니다.

이러한 소수주주권을 활용하여 회계장부열람청구권, 업무재산상태 검사청구권을 실행하면 현 경영진이 법령 또는 정관을 위반한 행위 및 횡령, 배임, 탈세 등에 대한 증거를 찾아낼 수 있습니다. 이를 통하여 **형사고발**, **해임청구**를 하면 경영권에 많은 제약을 받습니다.

✏️ **발행주식 총수의 3% 이상을 보유한 주주의 소수주주권**

① 이사 해임청구권: 이사의 중대한 위반이 있음에도 불구하고 주주총회에서 그 해임을 부결할 때에는 그 이사의 해임을 법원에 청구할 수 있는 권리입니다.

② 주주총회 소집청구권: 회의의 목적사항과 소집 이유를 적은 서면 등을 이사회에 제출하여 임시주주총회의 소집을 청구할 수 있는 권리입니다.

③ 회계장부 열람 청구권: 서면으로 회계장부나 서류의 열람 또는 등사를 청구할 수 있으며 회사는 이에 거부하지 못하는 권리입니다.

④ 업무재산상태 검사청구권: 회사의 업무와 재산 상태를 조사하기 위해서 법원에 검사인의 선임을 청구할 수 있는 권리입니다.

❓ 질문 : 명의신탁주식에 대한 증여세란?

상속세 및 증여세법에 권리의 이전이나 행사에 등기 등이 필요한 주식의 실제 소유자와 명의자가 다른 경우에, 명의자가 실제 소유자에게 증여받은 것으로 보아 명의를 빌려준 사람에게 증여세를 부과한다고 규정하고 있습니다. 이때 증여세뿐 아니라 가산세도 부과합니다.

❓질문 : 명의신탁주식의 재산가액의 평가는?

명의신탁재산의 증여재산가액은 증여의제일 당시의 **시가** 또는 **보충적 평가액**으로 평가합니다. 명의신탁재산의 증여의제 시기는 명의개서를 한 날을 기준으로 하는데 명의개서를 한 날을 상법에서는 주주명부에 취득자의 주소와 성명을 기재한 때를 말합니다. 즉, 어느 시점이 증여의제 시기인지에 따라 증여세는 엄청난 차이를 보입니다. 다음의 **3가지 경우**를 살펴보겠습니다.

case 1

법인의 최초 설립 시에 명의신탁이 이루어진 경우에는 증여재산의 평가를 액면가로 합니다. 자본금 5,000만 원 중 20%를 명의신탁한 경우 증여의제에 해당하는 금액은 1,000만 원이고 그에 따른 증여세는 100만 원으로 비교적 낮은 금액입니다.

case 2

명의 신탁 이후 증자를 한 경우입니다. 이 경우에는 증자가 이루어진 날이 새로운 명의신탁에 해당되며 명의개서를 한 날의 평가액이 증여재산 가액이 됩니다. 자본금을 5,000만 원에서 1억 원으로 증자할 때 20%를 균등하게 증자하면 증여의제에 해당하는 금액은 1,000만 원이 아닌 당시의 시가 평가금액으로 계산합니다.

case 3

직원 이름으로 명의신탁한 주식을 해당 직원이 퇴사할 때 다른 직원으로 명의개서를 한 경우입니다. 이 경우에는 새로운 직원에게 명의신탁한 날 주식의 평가액이 증여재산 가액이 됩니다.

❓질문 : 명의신탁주식의 해지 방법 4가지

'명의신탁의 해지'란 명의수탁자 앞으로 되어 있는 공부상의 소유명의를 명의신탁자인 실질소유자 명의로 환원하는 것을 말합니다. 본래의 자기 재산을 본인의 명의로 되돌리는 것으로 명의신탁계약을 해지하면 됩니다. 그러나 명의신탁계약해지로 처리하기 위해서는 해당 주식이 명의신탁주식이라는 객관적인 사실관계를 다음의 방법으로 입증하여야 합니다.

① 증자대금의 납입근거입니다

회사 설립 시 또는 설립 이후 증자를 할 때 명의 수탁한 주식에 대한 증자대금을 명의신탁자가 납입한 사실에 대한 객관적인 근거를 제시할 수 있는 증빙이 필요합니다.

② 배당재원의 실지귀속입니다

설립 이후 배당을 한 경우라면 명의신탁한 주주에게 배당금을 지급하고 실제 소유자인 명의신탁자가 그 배당금을 회수하였다는 사실에 대한 객관적인 근거를 제시할 수 있다면 명의신탁 사실을 입증할 수 있을 겁니다.

③ 명의신탁해지 약정서입니다

최초로 법인을 설립할 때 명의신탁을 하고 그 약정서를 작성하고, 공증을 받아두게 되면 확실합니다. 그러나 명의신탁 시 작성된 약정서가 없는 경우가 많습니다. 이러한 경우 해지하는 시점에라도 사실관계를 기초로 하여 명의신탁약정서를 작성한다면 법정에서 유리한 증거가 될 수 있습니다.

④ 명의신탁해지에 대한 판결문입니다

명의신탁한 재산에 대한 분쟁이 있는 경우 소송을 통하여 승소 판결문을 받을 수 있다면 명의신탁 사실을 입증할 수 있을 겁니다.

> ❓ 질문 : 명의신탁주식을 환원할 때 발생하는 세금이란?

실제 명의자로 주식의 명의를 개서하는 것이므로 환원 시 발생하는 세금은 없습니다. 다만, 명의신탁하는 시점에 발생한 증여세, 신고불성실 가산세, 납부불성실 가산세를 납부해야 합니다. 법인 설립할 때 발생한 명의신탁주식의 재산가액은 액면가가 증여재산가액이 되므로 발생하는 세금은 그리 많지 않습니다.

그러나 증자 혹은 지속적인 주주명부의 변경이 발생한 경우에는 그 행위가 발생한 시점의 주식가액을 평가한 금액이 증여재산가액이 됩니다. 가산세를 포함하면 엄청난 세금을 부담해야 합니다. 증여세는 수탁자가 납부하지 못하면 신탁자가 연대하여 납부하여야 합니다.

❖ 사례를 통하여 살펴보면

case 1

자본금 5,000만 원(액면가 5,000원, 발행주식수 10,000주) 법인을 설립할 때, 6,000주를 명의신탁함. 10년 후 명의신탁 해지를 통하여 주식을 회수할 경우 납부해야 할 세금은 634만 원입니다.

- 증여세: 6,000주 × 5,000원 × 10%(증여세율) = 300만 원
- 가산세
   신고불성실 가산세: 300만 원 × 20% = 60만 원
   납부불성실 가산세: 300만 원 × 9.125% × 10년 = 274만 원
- 합계: 634만 원

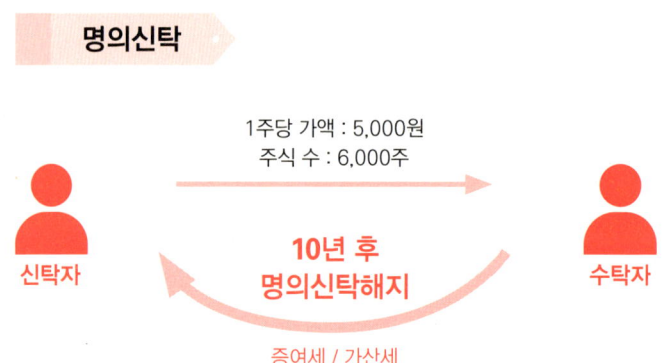

case 2

자본금 5,000만 원(액면가 5,000원, 발행주식수 10,000주) 법인을 설립할 때, 6,000주를 명의신탁하고 8년 후 5,000만 원을 유상증자 함. 유상증자 시 주식은 지분율에 따라 균등하게 함. 증자 당시 주식의 1주 당 평가금액은 20만 원. 10년 후 명의신탁해지를 통하여 주식을 회수하는 경우 납부해야 할 세금은 약 4억 4,800만 원입니다.

① 설립 시 주식(증여재산가액: 3,000만 원)

- 증여세: 3,000만 원×10%(증여세율)=300만 원

- 가산세

　신고불성실 가산세: 300만 원×20%=60만 원

　납부불성실 가산세: 300만 원×9.125%×10년=274만 원

- 소계: **634만 원**

② 증자 시 주식(증여재산가액: 12억 원)

- 증여세: 12억 원×40%-1.6억 원=3.2억 원

- 가산세
  신고불성실 가산세: 3.2억 원×20%=6,400만 원
  납부불성실 가산세: 3.2억 원×9.125%×2년=5,840만 원

- 소계: 442,400,000원

- 합계: 448,740,000원

❓ 질문 : 명의신탁주식 환원 간소화제도란?

2014년 6월 23일부터 시행된 제도입니다. 과거 상법의 발기인 규정 등으로 인해 법인 설립 시 부득이하게 주식을 다른 사람 명의로 등재하였으나 실제 소유자 명의로 환원하지 못하고 있는 기업에 대하여 간소화된 절차로 환원할 수 있도록 실시하고 있습니다.

과거 상법의 최소 발기인 요건을 맞추기 위해 보유주식 일부를 가족, 친인척, 지인 등 타인명의로 등재한 후 명의신탁 기간이 오래되고 입증서류가 부족하여 명의신탁주식을 환원하기가 힘들게 되었습니다. 이러한 불편함이 국세청과 대한상공회의소가 공동으로 조사한 '국민이 바라는 10대 세정개선 과제' 중 하나로 선정되었습니다. 이에 과도한 절차와 세무행정상의 불확실성을 해소해 주고 중소기업의 가업승계를 돕기 위해 '명의신탁주식 환원 간소화제도'를 시행하게 되었습니다.

이 제도는 다음 4가지 요건을 모두 충족하는 경우여야 합니다. 2001년 7월 23일 이전 설립된 법인, 조세특례제한법 시행령 제2조에서 정하는 중소기업, 실제 소유자와 명의수탁자가 법인 설립 당시 발기인, 설립 당시에 명의신탁한 주식을 실제 소유자에게 환원하는 경우, 모두 해당되어야 신청할 수 있습니다.

신청 시 '명의신탁주식 실제 소유자 확인신청서'와 명의신탁임을 입증할 수 있는 증빙서류를 갖추어 주소지 관할 세무서에 제출합니다.

필수 서류는 중소기업 등 기준 검토표, 주식발행법인이 발행한 주식명의개서 확인서, 명의신탁자의 인적사항, 명의신탁 및 실명전환 경위 등의 확인서입니다. 추가로 주식대금 납입 및 배당금 수령계좌 등의 금융자료와 신탁약정서, 확정판결문 등이 있으면 명의신탁임을 입증하는 데 도움이 됩니다.

❓ 질문 : 양수도 방법으로 회수 시 주의사항 3가지

명의신탁 주식을 회수하기 위하여 명의신탁해지의 방법으로 해야 함에도 입증에 대한 어려움과 증여세와 가산세의 부담으로 회수하지 못하는 경우가 많습니다. 그래서 액면 가액으로 양도, 자기주식 취득, 회사에 증여, 신탁자의 자녀에게 양도 또는 증여를 아무런 진단과 검토 없이 실행하는 경우가 있습니다. 실제 명의신탁임에도 원칙적인 절차가 아닌 양도로 처리하는 경우에는 다음과 같은 문제점이 있습니다.

① 명의신탁을 찾아오는 시점은 기업 설립 후 오랜 시간이 지난 경우가 대부분입니다. 이 경우 주식가치는 상당히 높은 가격이 됩니다. 그런데 양도가액을 액면 가액으로 하여 증권거래세만 부담하고 양도로 처리하게 되면 양도소득세의 부당행위가 문제되어 세금을 추징당할 수 있습니다.

② 실제 양도로 인정받으려면 양도자에게 그 대금을 지급한 객관적인 근거가 있어야 하는데, 그렇지 못할 경우에는 양도로 인정받지 못하고 증여세가 추징됩니다.

③ 명의신탁 해지가 아닌 양도로 주식 지분을 취득하게 되면 과점주주가 되어 간주취득세가 추가로 부과됩니다.

질문 : 미처분이익잉여금이란?

미처분이익잉여금이란 기업의 영업활동으로 발생한 이익 중 기업 내에 유보되어 있는 이익금의 누적금을 말합니다. 전기 이월잉여금과 당기에 발생하는 순이익을 주주 배낭을 통하여 유출하지 않고 기업 내 유보함으로 매년 누적되어 쌓여 있게 됩니다. 자본항목의 이익잉여금 계정에 나타나 있습니다.

질문 : 미처분이익잉여금이 발생하는 이유 5가지

① 가공의 재무제표 때문입니다

많은 중소기업들은 창업초기 금융기관의 자금 조달이 필요합니다. 금융기관은 자금이 필요한 회사의 재무제표로 성장성, 안정성, 신용평가를 합니다. 해당 기업은 매출을 부풀리고 비용누락을 통한 가공이익을 발생시켜 손익계산서와 재무상태표를 분식해야 필요한 자금을 융통할 수 있기 때문에 재무제표를 가공하는 경우가 있습니다.

② 일정 소득률을 맞추기 위해서입니다

국세청에서는 업종별 매출 규모에 따라 소득률 분석을 하여 세무조사에 활용합니다. 지속적으로 업종별 소득률에 미달하게 되면 세무조사를 통하여 사실관계를 확인하고자 하기 때문에 분식으로 재무제표를 작성하는 경우가 있습니다.

③ 유동성이 부족하기 때문입니다

손익계산은 현금의 수수와는 관계없습니다. 수익은 수입을 유발하는 사건이 발생할 때, 비용은 수익과 대응하여 인식하는 발생주의에 의해서 작성됩니다. 실제 현금의 유입이 발생하지 않아도 이익잉여금은 발생할 수 있습니다.

④ 배당에 인색한 기업풍토 때문입니다

유보된 금액은 배당금으로 인출해야 합니다. 이때 수령하는 배당금은 일정금액 이상이 되면 종합소득합산과세가 되어 고율(최대 42%)의 세금이 발생합니다. 법인세를 내고 또 소득세를 내야 하는 불편함으로 인하여 잉여금은 쌓여만 갑니다.

⑤ 재투자를 위한 준비 때문입니다

기업은 지속적인 투자활동을 합니다. 필요한 자금이 준비되어 있지 않으면 외부로부터 조달을 해야 하고, 추가적인 금융비용이 발생하기 때문에 잉여금을 기업에 유보합니다.

❓ 질문 : 미처분이익잉여금이 기업에 미치는 위험 3가지

미처분이익잉여금이 기업 내 거액으로 재무상태표의 자본항목에 있으면, 기업가치를 상승시킵니다. 이런 기업가치의 상승은 다음 3가지의 위험이 있습니다.

① 주식이동 시 많은 양도세가 발생합니다

차명주식을 명의신탁해지가 아닌 양도의 방법으로 회수하고자 할 때 혹은 대주주의 지분을 자녀 등에게 양도의 방법으로 이동시키고자 할 때, 비상장주식이 고평가되어 있으면 양도소득세가 많이 발생합니다.

② 증여나 상속이 발생할 때 많은 세금이 발생합니다

가업승계지원제도인 증여세과세특례제도를 이용할 때 비상장주식이 고평가 되어 있으면 증여공제 5억 원을 활용하더라도 자녀에게 더 많은 지분을 이동할 수 없습니다.

상속이 발생하면 피상속인이 보유한 고평가된 주식은 상속재산가액을 높여 상속세 부담과 재원마련에 많은 어려움이 발생합니다. 심지어는 회사를 공중분해하거나 헐값으로 처분해야 할 수도 있습니다.

> ❈ **상속증여세법 시행령 제 54조(비상장 주식의 평가 방법)**
>
> ① 법 제63조제1항 제1호 나목에 따른 주식 등(이하 이 조에서 "비상장주식 등"이라 한다)은 1주당 다음의 계산식에 따라 평가한 가액(이하 "순손익가치"라 한다)과 1주당 순자산가치를 각각 3과 2의 비율[부동산과다보유법인(「소득세법」제94조제1항제4호 다목에 해당하는 법인을 말한다)의 경우에는 1주당 순손익가치와 순자산가치의 비율을 각각 2와 3으로 한다]로 가중평균한 가액으로 한다. 다만, 그 가중 평균한 가액이 1주당 순자산가치에 100분의 80을 곱한 금액보다 낮은 경우에는 1주당 순자산가치에 100분의 80을 곱한 금액을 비상장주식 등의 가액으로 한다.

③ 기업청산 시 많은 배당소득세가 발생합니다

법인기업이 사업을 종료하기 위해서는 청산의 절차가 필요합니다. 거액의 미처분이익잉여금은 주주의 의제배당으로 처리되므로 최대 46.2%(지방소득세포함)의 세금과 추가적인 4대 보험료 등의 비용이 발생합니다.

❓ 질문 : 미처분이익잉여금을 줄이는 방법 5가지

① 급여나 상여금을 적극적으로 활용하는 방법

미처분이익잉여금은 매년 늘어납니다. 전기 이월금에, 해당연도 이익금이 더해져 지속적으로 쌓여가는 구조입니다. 당해 이익금은 매출에서 비용을 공제한 금액으로 생겨납니다. 즉, 적법한 비용을 많이 발생시키면 이익금도 줄어들고 미처분이익잉여금의 증가도 일부 줄일 수 있습니다.

기업의 재무상황과 사업주에게 발생할 소득세 등을 면밀하게 분석하여 급여나 상여금을 지급하면 비용을 증가시킬 수 있습니다. 다만, 임원에게 지급하는 보수는 정관에 사회적 통념을 벗어나지 않는 범위의 통상적인 지급 규정에 따라 지급해야 합니다.

② 적극적인 배당정책을 활용하는 방법

배당금이란 회사가 벌어들인 당기순이익을 원천으로 수익금의 일부를 주주에게 배분해 주는 것입니다. 투자한 주주에게 배당을 어느 시기에, 어떤 형태로, 얼마나 지급할지에 대하여 배당정책을 마련하여 적극적인 배당을 합니다.

배당금을 수령하는 주주입장에서의 소득세 등을 동시에 고려해야 할 것입니다. 소득세를 고려한다면 1인의 지배주주가 아닌 가족 구성원들을 주주로 등재하여 중간배당, 차등배당, 현물배당의 다양한 배당 전략을 활용할 수 있습니다.

③ 자기주식 취득을 활용하는 방법

자기주식 취득이란 법인이 발행한 주식을 매입 등을 통하여 재취득하는 것을 말합니다. 비상장회사의 경우 자기주식 취득을 과거에는 소각할 때에만 허용하였지만 지금은 폭넓게 허용하고 있습니다.

자기주식을 취득하고자 하는 회사는 배당가능이익의 범위 내에서 가능합니다. 자기주식 취득을 활용하면 미처분이익잉여금 처리와 주주에게 이익을 환원하는 전략이 될 수 있습니다. 취득의 목적이 양도일 경우에는 20%(과세표준 3억 이상 경우 25%)의 양도소득세만 부담하면 됩니다.

④ 감자플랜을 활용하는 방법

감자란 자본금 축소로 발생한 금전을 주주들에게 지분 비율에 따라 지급하는 것으로 주주들에게 투자금에 대한 보상 또는 자본금을 반환하는 것입니다. 이러한 유상감자를 하게 되면 미처분이익잉여금을 줄일 수 있습니다. 이때 자본금에 대한 보상을 받는 주주는 소득세를 납부해야 합니다. 취득했던 가액을 기준으로 감자차익에 해당하는 배당소득세를 납부해야 합니다.

발기인으로 참여했던 주주라면 거액의 소득세를 부담해야 하지만, 고평가된 주식을 증여받은 주주(배우자 활용)는 증여를 받은 가액과 감자의 금액이 동일하다면 의제배당금액이 발생하지 않아 잉여금관리에 효율적 방법으로 활용할 수 있습니다.

⑤ 이익소각을 활용하는 방법

이익소각은 감자에 따른 필수적인 절차인 주주총회 특별결의와 채권자 보호절차 등이 필요하지 않습니다. 전기 말 배당가능이익의 범위에서 법적 절차를 거쳐서 취득한 자기주식을 소각하는 것입니다.

주식의 이익소각을 실시하면 소각결의일의 익월 10일에 배당소득세를 납부해야 합니다. 이때 배당소득세는 이익소각금액에서 취득 가액을 공제한 금액으로 계산합니다. 배우자에게 증여공제를 활용하여 사전 증여한다면, 증여를 받은 가액과 이익소각금액이 동일하여 의제배당금액이 발생하지 않아 소득세 부담 없이 잉여금 관리를 할 수 있습니다.

3부
법인 CEO 보상전략

- 급여, 상여
- 퇴직금
- 배당
- 자기주식
- CEO 플랜
- CEO 정기보험

❓ 질문 : 임원 보수는 어떻게 결정하나요?

일반적으로 임원의 보수는 급여와 상여금을 말합니다. 임원의 보수는 그 지급기준을 정하고 그 지급기준에 따라 지급해야 세무상 비용으로 인정을 받을 수 있습니다. 임원이란 회사에서 업무를 집행·감시·감독하는 자이며, 법적으로는 회사와 위임관계에 있습니다. 사업주의 지휘감독 아래 일정한 근로를 제공하고 소정의 임금을 받는 근로자와는 다른 법률적 위치에 있습니다. 상법에 임원의 보수 지급에 대한 내용이 나타나 있습니다.

> **상법 388조**
>
> 이사의 보수는 정관에 그 액을 정하지 아니한 때에는 주주총회의 결의로 이를 정한다.

❓ 질문 : 주주총회 결의에 따라 임원의 보수를 지급해야 합니까?

최근 대법원 판결은 "정관에 이사의 보수에 관하여 주주총회의 결의로 정한다고 되어 있음에도, **주주총회에서 그 금액 지급시기 지급 방법 등에 관하여 결의가 없었다면 이사는 보수를 청구할 수 없다**"고 하였습니다. 이처럼 상법에서 이사의 보수를 주주총회를 통하여 정하도록 한 것은 이사가 자기결정권에 의하여 이사회 등을 통하여 임금을 결정하는 것은 회사와 주주 및 회사채권자의 이익을 침해할 여지가 있기 때문입니다. 회사를 소유하고 지배하는 주주총회에서 정하지 않은 임원의 보수는 법적으로 인정받는 것은 매우 어렵습니다.

❓ 질문 : 임원에게 지급하는 보수는 전액 비용처리가 됩니까?

법인세법 시행령에 임원에게 지급하는 상여금에 대한 **비용처리에 대하여 엄격히 제한**하고 있습니다. 이렇게 하는 이유는 사전에 정해진 보수 지급 규정이 없이 임원들이 자의적 결정으로 급여 명목으로 법인의 이익을 가져가게 되면 법인이익에 대한 법인세가 줄어들 여지가 있기 때문입니다.

❀ 법인세법 시행령 43조

① 이익처분에 의하여 지급하는 상여금은 손금에 산입하지 아니한다.

② 주주총회 등에서 결정된 급여지급기준을 초과하여 지급하는 금액은 그 초과금액을 손금에 산입하지 아니한다.

③ 지배주주 등인 임원에게 정당한 사유 없이 동일직위에 있는 임원에게 지급하는 금액을 초과하여 보수를 지급하는 경우 그 초과금액은 손금에 산입하지 아니한다.

❓ 질문 : 임원에게 지급하는 보수는 매년 주주총회에서 결정해야 합니까?

매년 정기주주총회에서 임원에게 지급할 보수를 정한다는 것은 현실적으로 어렵습니다. 주주총회에서 임원에게 지급할 금액에 대해 한도를 설정한 임원보수 지급 규정을 만들고 이를 바탕으로 매년의 성과보상액을 이사회 결의를 통하여 결정하면 됩니다. 내용과 기준은 사회통념과 동종업종, 매출 규모 및 이익 규모에 형평성을 벗어나지 않으면 적법한 규정으로 인정받을 수 있습니다.

❓ 질문 : 임원의 퇴직금을 제한하는 이유는?

종합과세 되는 근로소득이나 배당소득보다 퇴직소득은 일반적으로 세금이 적습니다. 이 규정을 악용해 법인 **임원들이 임의로 퇴직금을 과다 책정**하는 경우가 많았습니다. 때문에 세법에서는 임원퇴직금에 대하여 한도를 규정하고 있습니다.

❓ 질문 : 임원의 퇴직금은 3배까지 가능합니까?

임원 퇴직금에 대해 법인세법은 규정에 따라 지급하는 금액을 손금으로 처리가능 하지만, 소득세법은 2012년 1월 1일 이후 발생하는 퇴직금에 대하여는 제한적으로 퇴직소득으로 인정해 주고 있습니다. 즉, 임원이 수령하는 퇴직금을 2012년 이전에 해당하는 금액은 배수에 대한 제한이 없지만 이후 퇴직금에 대하여는 과세형평성에 따라 2019년까지는 3배, 2020년 이후 부터는 2배를 초과하는 금액은 근로소득으로 과세하게 되었습니다.

❓ 질문 : 전액 법인세 비용으로 처리할 수 있습니까?

법인세법 시행령에 임원에게 지급하는 퇴직금에 대하여 법인의 손금으로 처리할 수 있는 금액을 정하고 있습니다. 정한 금액을 초과하는 금액은 비용으로 처리하지 못합니다.

🍀 **법인세법 시행령 44조 ④**

1. 정관에 퇴직급여로 지급할 금액이 정하여진 경우에는 정관에 정하여진 금액
2. 총급여액의 10분의 1에 상당하는 금액에 근속연수를 곱한 금액

질문 : 손금으로 인정받기 위한 조건 5가지

① 정관에 퇴직급여로 지급할 금액이 정하여진 경우에는 정관에 정하여진 금액일 것

② 현실적으로 퇴직하는 경우에 지급할 것

③ 임원 또는 사용인에게 지급하는 연금 또는 일시금일 것

④ 법인이 퇴직급여를 실제로 지급한 경우일 것

⑤ 해당 과세기간에 발생한 소득일 것

질문 : 퇴직금을 포기하는 경우에 손금으로 인정받을 수 있습니까?

정관 규정에 의하여 지급받을 퇴직금을 포기하더라도, 과세관청에서는 포기한 퇴직금에 대해서도 **소득세를 부과**하고(서이 46013-10121, 2003.01.17.), 수령을 포기한 퇴직금은 익금으로 처리하여(서이 46012-11798, 2003.10.17.) 추가적인 **법인세를 부담**해야 합니다.

예를 들면 정관 규정에 의한 퇴직금이 10억 원이지만, 5억 원만 수령하면 실제 10억 원에 대한 퇴직 소득세를 전부 납부해야 하고, 수령하지 않았던 5억 원은 법인의 수익으로 계상하여 추가적인 법인세를 납부해야 합니다. 이 경우의 소득세율이 40%이고, 법인세율이 20%라고 가정하면 소득세 2억 원(5억 원×40%)와 법인세 1억 원(5억 원×20%)을 추가적으로 부담해야 합니다.

❓질문 : 퇴직금의 장점은 무엇입니까?

일반적으로 중소기업의 지배주주는 회사의 임원으로 근무하고 있습니다. 사업주는 사업에서 발생한 이익을 개인화할 때 적은 세금을 부담하고 싶어 합니다. 이때 임원으로서 수령하는 급여는 법인세를 절세할 수 있는 좋은 소득 유형이나 소득세가 높기 때문에 망설여질 수 있습니다. 그러나 적법한 퇴직금은 법인세를 절세할 수 있으며, 많은 금액을 **저율(3~25%)의 세금만 부담하면 되므로 기업의 이익을 인출할 수 있는 좋은 전략**이 됩니다.

❓질문 : 임원은 퇴직금을 중간정산하여 받을 수 있습니까?

임원이 현실적인 퇴직의 사유로 퇴직금을 받을 경우에는 중간정산을 할 수 있습니다. 현실적인 퇴직의 조건 6가지 중 하나인 '급여를 연봉제로 전환함에 따라 향후 퇴직급여를 지급하지 아니하는 조건으로 그때까지의 퇴직급여를 정산하여 지급한 때'라는 조항은 2015년 12월 31일까지 적용하고 2016년 1월 1일 이후부터는 삭제되었습니다. 법인세법 시행령 44조 2항에서 정하는 조건이외에는 **임원도 중간정산을 받을 수 없습니다.**

❓질문 : 배당은 어떤 장점이 있습니까?

배당이란 기업이 영업활동을 통해 벌어들인 이익을 회사 주주들에게 돌려주는 것을 말합니다. 법인의 오너 CEO는 임원으로 급여와 상여를 받습니다. 주주의 권리인 배당을 받는 경우는 거의 없습니다. 오너 CEO가 급여의 일정금액을 배당으로 나누어 수령하게 되면 **소득세와 4대 보험료를 줄일 수 있습니다.**

지급하는 시기, 형태, 금액, 대상을 전략적 방법을 마련한다면 많은 절세가 가능합니다. 중간배당, 2,000만 원 이하 배당, 분산배당 전략은 소득세 절세 뿐 아니라 상속세 재원준비, 자녀자금출처에 대한 증빙 등 다양한 긍정적 효과가 있습니다.

또한 다양한 배당 전략은 미처분이익잉여금을 줄여 순자산가치를 낮춤으로 비상장주식 가치 조정 효과도 있습니다. 향후 주식이동에 대한 양도세, 증여세 절세와 상속재산 고평가로 인한 상속세 절세 효과도 가질 수 있습니다.

질문 : 기업이 배당을 하지 않는 이유 5가지

① 배당 이외에 이익금을 인출할 방법이 있기 때문입니다

주주로서의 배당보다는 급여나 상여를 통하여 법인의 이익을 인출합니다.

② 법인의 돈이 결국은 내 돈이라는 심리가 작용해서입니다

개인회사와 달리 법인은 회사, 주주, 임원이 완전히 별개로 권리와 의무가 주어집니다. 법인이 보유하고 있는 돈은 내 돈이 아닙니다.

③ 배당에 따른 소득세 부담 때문입니다

배당을 받을 때 납부해야 할 소득세는 2,000만 원까지는 분리과세(14%)로 종결되지만 초과되는 금액은 종합소득세에 합산하여 과세됩니다. 최고 42%의 세금을 납부해야 합니다. 이러한 세금 부담으로 배당을 하는 것을 꺼려합니다.

④ 배당절차에 대한 복잡성 때문입니다

정기배당은 주주총회에서 결정하고, 중간배당은 이사회에서 결정하며 의사록을 작성해야 합니다. 익숙하지 않고 복잡한 절차의 불편함으로 하지 않습니다.

⑤ 배당금을 지급할 현금이 없기 때문입니다

현금주의와 달리 발생주의는 수익을 현금을 수취할 때가 아니고 수입을 유발시키는 사건이 발생할 때 인식하므로 이익이 발생하는 시기와 현금이 들어오는 시기가 다릅니다.

❓ 질문 : 효과적인 배당 전략 4가지

① 배당시점을 분산하여 지속적으로 실행하는 전략입니다

소득세는 1년 동안 발생한 모든 소득을 합하여 과세합니다. 과세연도를 분산하여 지속적으로 배당을 실시하면 소득세를 줄일 수 있습니다.

만약, 1년에 2억 원의 배당을 받으면 소득세율 41.8%가 적용되지만, 2,000만 원씩 10년간 배당을 받으면 소득세율은 15.4%가 적용이 됩니다. 그러므로 특정 시점에 큰 금액을 하는 것보다는 매년 일정한 액수를 지속적으로 하는 것이 절세에 유리합니다.

② 소득이 적은 사람에게 배당을 하는 전략입니다

소득세는 1년 동안 발생한 모든 소득을 합하여 인별 과세합니다. 배당을 2,000만 원 이하로 할 경우에는 분리과세가 되어 추가적인 세금 부담은 없지만, 초과하면 타 소득과 합하여 종합과세가 됩니다. 만약, 근로·사업·연금·기타 소득이 많은 사람이 많은 배당을 받으면 최대 49.5%(지방소득세 포함)에 해당하는 세금을 낼 수 있습니다.

그러나 다른 소득이 없는 사람은 1억 원을 받더라도 세금은 15.4%만 부담하면 되기 때문입니다.

③ 명의신탁확인을 받기 위한 배당 전략입니다

명의신탁된 주식을 되돌려 받기 위해서는 명의신탁해지의 절차를 밟아야 합니다. 이때 명의신탁을 입증하기 위해서는 명확한 증빙이 필요합니다. 명의신탁약정서, 명의신탁확인서 등 서류만으로 입증이 부족할 때 차명주주에게 지급한 배당금을 신닥자가 되돌려 받은 금융지료가 있다면 구체적 입증자료가 될 것입니다. 이를 실무상 명의신탁확인 배당이라고 합니다. 명의신탁해지를 하고자 하는 경우라면 고려할 수 있을 것입니다.

④ 중간배당을 활용하는 전략입니다

중간배당이란 법인이 영업연도 중간에 예상되는 이익이나 임의 준비금을 배당하는 것을 말합니다. 이러한 중간배당을 활용하면 소득의 귀속시기를 분산하여 과세표준을 낮출 수 있습니다. 다만, 이러한 중간배당은 정관에 관련규정이 마련되어 있는 경우에만 그 효력이 인정됩니다.

❓ 질문 : 차등배당 전략에 대하여 알려 주세요

차등배당이란 균등배당에 반하는 배당으로 불균등배당입니다. 배당은 균등배당을 원칙으로 합니다. 동일 종류의 주식을 보유한 주주들 간에는 보유하고 있는 주식 수에 비례하여 배당을 해야 합니다.

이에 반하는 불균등배당인 차등배당은 최대주주가 포기한 배당금을 특수관계자인 소수주주가 받는 것을 말합니다. 회사에서 배당을 실시하고 부모가 배당금을 포기하면 자녀는 본인이 받을 배당금에 부모가 포기한 배당금을 합하여 받습니다.

❖ 예시

주주명	지분율	배당액	배당포기	최종 배당금
아버지	60%	6천만 원	6천만 원	
어머니	20%	2천만 원	2천만 원	
자녀 1	10%	1천만 원		**5천만 원**
자녀 2	10%	1천만 원		**5천만 원**
계	100%	1억 원	8천만 원	1억 원

이렇게 차등배당을 하게 되면 자녀에게 무상으로 부를 이전하는 효과가 나타납니다. 부모가 배당을 받고 그 배당금을 자녀에게 증여를 하게 되면 배당을 받는 시점에 부모가 소득세, 자녀에게 증여하는 시점에 수증자인 자녀가 증여세를 납부해야 합니다. 그런데 차등배당을 하게 되면 배당금을 수령하는 자녀가 소득세 한 번만 납부하면 됩니다. 이와 같은 솔루션이 가능한 이유는, 상승세법 규정에 따라 차등 배당한 금액에 대한 소득세와 증여세 중 더 큰 금액만 과세하기 때문입니다.

그러나 이 규정을 악용하여 세금을 줄이고자 무리하게 차등배당을 시도하는 사례가 많아지자, **작년 세법을 개정하여 2021년 이후부터는 초과 배당금액에 대해 소득세와 함께 소득세액을 공제한 금액에 대해 증여세를 추가로 과세하도록** 개정되었습니다.

❓질문 : 자기주식 취득의 법적 근거가 무엇입니까?

2011년 4월 14일 상법 341조의 개정으로 비상장회사도 2012년 4월 15일부터 자기주식 취득을 할 수 있게 되었습니다.

법 개정 전에는 자기주식 취득이 일부 주주를 선정하여 자기주식을 매입하면 출자금을 반환하는 것과 같은 실질적 이익을 주고, 회사 내부자의 주가조작에 의한 투기거래가 악용될 우려가 있어 엄격히 규제하였습니다. 이러한 상법과 달리 '자본시장 및 금융투자업에 관한 법률'에서는 상장법인은 배당가능이익의 범위에서 자기주식을 취득하는 것을 허용하고 있었습니다. 이에 상법의 개정으로 비상장 회사도 자기주식 취득을 상법의 요건을 충족하는 경우에는 가능하게 되었습니다.

❓질문 : 자기주식 취득 요건에 대하여 알려 주세요

상법 시행령 10조에 '자기주식 취득의 방법'에 대하여 나타나고 있습니다. "취득하는 경우에는 다음 각 호의 기준을 따라야 한다"라고 하고 있습니다.

> **상법 시행령 제 10조 (자기주식 취득의 방법)**
> 이사회의 결의로써 다음 각 목의 사항을 정할 것
> 가. 자기주식 취득의 목적
> 나. 취득할 주식의 종류 및 수
> 다. 주식 1주를 취득하는 대가로 교부할 금전 등
> 라. 주식 취득의 대가로 교부할 금전 등의 총액
> 마. 20일 이상 60일 범위에서 주식양도를 신청할 수 있는 기간
> 바. 양도신청이 끝나는 날부터 1개월의 범위에서 양도의 대가로 금전 등을 교부하는 시기와 그 밖에 주식 취득의 조건

다음의 3가지 요건을 반드시 충족해야 합니다.

① 주주평등의 원칙입니다

주주평등이란 각 주주가 가진 주식 수에 따라 균등한 조건으로 취득하는 것을 말합니다. 회사는 모든 주주에게 자기주식 취득의 통지 또는 공고를 하여야 합니다.

② 공정성의 원칙입니다

공정성이란 배당가능이익의 범위 내에서 자기주식을 취득해야 합니다. 배당가능이익이란 직전 결산기의 대차대조표상의 순자산에서 자본금의 액, 그 결산기까지 적립된 자본준비금과 이익준비금의 합계액, 그 결산기에 적립하여야 할 이익준비금의 액, 미 실현이익을 뺀 금액을 말합니다.

③ 상법상 정하는 절차와 요건을 충족해야 합니다

절차는 주주총회 소집을 위한 이사회 실시, 주주총회 소집통지 발송, 주주총회 결의, 이사회 결의, 주주에게 서면통지 및 공시, 주주의 양도신청 접수, 주식 취득 계약, 서류비치의 순서로 이루어져야 합니다. 하나라도 흠결이 있으면 인정받지 못할 수 있습니다.

❓질문 : 자기주식 취득에 대한 프로세스를 설명해 주세요

1단계 : 사전계획을 수립

자본금: 1억 원(액면가 10,000원, 보통주 10,000주)
취득주식 수: 1,000주를 취득하고자 함
- 배당가능이익: 5억 원
- 주식가치를 평가: 1주당 100,000원
- 주주 구성: 1명, 100% 보유
- 이사 구성: 3명이 있음
- 취득 목적: 투자자 유치

2단계 : 주주총회 소집을 위한 이사회를 실시

이사회를 소집하여 ○월 ○일 주주총회를 개최하는 것에 대하여 이사회 결의를 합니다.

3단계 : 주주총회 소집통지서 발송

당 회사는 자본금이 10억 원 미만인 경우이므로 주주총회 소집 10일 전에 주주총회 소집통지서를 작성하여 서면으로 통보합니다.

4단계 : 주주총회 결의

주주총회에서 다음의 내용을 결의하고 의사록을 작성합니다.

> 취득할 수 있는 주식의 종류 및 수 : 발생주식 총수의 10% 이내, 보통주식 1,000주 이내
> 취득가액의 총액의 한도: 금 일억 원 정(100,000,000원)
> 취득하고자 하는 기간: 20xx년 1월 1일~20xx년 9월 30일
> 기타 자기주식 취득에 관한 구체적인 사항은 취득을 결정하는 시점의 이사회 결의에 따른다.

5단계 : 이사회를 개최

이사회에서 다음의 내용을 결의하고 의사록을 작성합니다.

- 자기주식 취득의 목적: 자금조달의 원활화(투자자 배정)
- 취득할 주식의 종류 및 수: 기명식 보통주식 1,000주 이내
- 취득하고자 하는 주식의 대가로 교부할 금전의 재원: 상법 제462조 제1항 1호~4호. 금액을 제외한 금액 중 일부(자기주식 매입통지서 참조)
- 주식 1주를 취득하는 대가로 교부할 금전: 1주의 취득가액인 금 100,000원
- 산정 방법 : 별첨. 주당 취득가액 산정내역서에 따름
- 주식 취득의 대가로 교부할 금전 등의 총액: 금 일억 원 정 (100,000,000원)
- 양도신청기간: 20xx년 1월 21일~20xx년 2월 19일(양도신청기간 30일)
- 계약의 성립시기: 20xx년 2월 20일~20xx년 2월 24일(5일간)
- 취득대가의 교부 시기: 20xx년 3월 20일 18시까지
- 취득 전 자기주식의 보유현황: 없음
- 기타사항: 당 회사의 자기주식 취득에 관한 모든 절차 및 시행은 상법 제341조 및 상법 시행령 10조를 준용한다

6단계 : 주주에게 서면통지 및 공시

이사회에서 결정된 내용을 정리하여 통지합니다. 별첨으로 다음의 4가지를 첨부하여 통지서를 서면으로 작성하여 등기우편으로 발송합니다.

- 주당 취득가액 산정내역서
- 재무상태표
- 주식양도 신청서
- 통지서 수령 확인서

7단계 : 주주의 양도 신청 접수

주주가 보내온 주식양도 신청서 내용 중 현재 보유주식수와 양도를 신청한 주식의 수가 맞는지 확인하여 내용에 틀림이 없으면 신청서를 접수합니다.

8단계 : 주식 취득에 대한 양도계약서를 작성

계약서에 주식의 계약 및 인도일시와 인도장소 및 대금을 얼마로 정하고 언제 지급할 지에 대한 내용을 양수하는 법인과 양도하는 주주가 확인 후 기명날인하고 각각 1통씩 보관합니다.

9단계 : 서류를 비치하여 보관

자기주식을 취득한 회사는 지체 없이 취득내용을 적은 자기주식 취득내역서를 언제든지 열람, 등본 사본의 교부 청구가 가능하도록 본점에 6개월간 비치하여야 합니다.

❓ 질문 : 자기주식 관련 쟁점사항 5가지

① 자기주식의 취득이 위법인 경우에는 해당법인에서 주식취득대가로 지급한 금액은 업무무관 가지급금에 해당되며 개인주주는 가지급금 인정이자를 납부해야 합니다.

② 소각목적의 가지급금일 경우에는 개인주주는 의제배당으로 소득세를 납부해야 합니다.

③ 매매목적의 취득인 경우에는 매도한 개인주주는 양도소득세와 증권거래세를 납부해야 합니다.

④ 고가로 취득하는 경우에는 해당법인은 시가로 취득한 것으로 보아 시가 초과액을 배당으로 익금산입하고, 개인주주는 배당으로 소득 처분된 금액에 대한 소득세를 납부해야 합니다.

⑤ 저가로 취득하는 경우에는 해당법인은 저가 매입 시 시가와의 차액을 익금으로 산입하고, 개인주주는 양도소득세 부당행위계산 부인으로 추가적인 세금을 부담해야 합니다.

❓ 질문 : 자기주식으로 과점주주가 된 경우에 간주취득세는?

회사가 자기주식을 취득하게 되면 나머지 주주들 사이에 지분율의 변화가 생깁니다. 특히 소각 등을 통하여 회사가 보유하고 있던 주식이 없어지게 되면 과점주주가 아니었던 주주가 과점주주가 될 수도 있습니다. 과점주주는 제2차 납세의무와 함께 간주취득세 납부의무가 발생합니다. 이때 이렇게 타의에 의해 과점주주가 된 경우 간주취득세 납부의무에 대한 의문이 발생합니다. 2010년 대법원에서는 회사가 자기주식을 취득하여 그 지분비율이 증가하여 과점주주가 된 주주는 '주식을 취득하여 과점주주가 된 때'에 해당하지 않으므로 간주취득세를 납부하지 않아도 된다고 판결하였습니다.

❓질문 : 자기주식 취득의 활용 방법 3가지

① 법인자금을 저율의 세금만 납부하고 인출할 수 있습니다. 오너 CEO가 급여, 상여, 배당으로 법인자금을 인출하는 것과 비교하여 소득세를 절세할 수 있기 때문입니다.

② 가지급금을 해결할 수 있습니다. 거액의 가지급금을 해결하기 위해서는 많은 세금 부담이 발생합니다. 자기주식을 활용하여 가지급금을 정리하면 20~25%의 세금만 부담하면 됩니다. 다만, 상법상 요건은 반드시 충족해야 합니다.

③ 차명주식을 회수하는 방법으로도 활용 가능합니다. 오랜 시간이 흘러 입증하기가 힘든 경우 자기주식 취득을 활용하는 것도 고려해 볼 수 있습니다.

❓질문 : CEO플랜이 무엇입니까?

CEO플랜이란 **통상적**으로 법인에서 발생한 이익을 **CEO가 퇴직을 사유로 퇴직금으로 수령하는 것**을 말합니다. 지급하는 퇴직금을 현금이 아닌 보험상품으로 지급받음으로 지속적인 보험상품의 혜택을 이어나갈 수 있습니다. 법인의 자금으로 금융상품에 가입하여, 회사 CEO의 사망에 대한 보장,

법인세 절세 및 퇴직시점에 계약자 변경을 통하여 보험을 이전하는 플랜을 **단순하게 CEO플랜**이라고 합니다.

❓ 질문 : CEO플랜 목적으로 가입한 상품이 퇴직금으로 인정이 됩니까?

세법에 명확한 규정은 없습니다. 그러나 2011년 기획재정부 유권해석에 따라 퇴직금으로 인정이 됩니다. 사회통념상 합리적인 범위 내에서는 소득세를 탈루할 목적이 아니라면 2011년 3월 29일부터 퇴직금으로 인정한다는 것입니다.

> **기획재정부 소득-109(2011.3.29)**
>
> 「법인이 계약자, 수익자를 법인으로, 임원을 피보험자로 하는 보험에 가입하고 임원퇴직 시 보험의 계약자, 수익자를 법인에서 피보험자인 퇴직임원으로 변경하는 경우 법인이 부담한 임원퇴직 당시 보험의 평가액은 퇴직임원의 퇴직소득에 해당함. 다만, 보험의 평가액을 포함한 임원의 퇴직소득이 과다하여 법인세법 제 52조의 부당행위계산의 부인 규정이 적용되는 경우에는 해당 규정이 적용되지 아니한 범위 내에서만 퇴직소득에 해당하며, 이를 초과하는 금액은 근로소득에 해당함」

❓ 질문 : CEO플랜의 보험의 평가액은?

세법에 명확한 규정은 없습니다. 그러나 국세청 예규(상속증여세과-339, 2013.7.9.)에 상속되는 보험에 대하여 이렇게 규정하고 있습니다.

'피상속인으로부터 상속인에게 승계되는 보험의 평가는 상속개시일까지 피상속인이 납부한 보험료의 합계액과 불입한 보험료에 가산되는 이자수입상당액을 합계하여 평가한다.' 이에 따라 법인이 계약자인 보험을 퇴직하는 CEO에게 승계할 때 그 평가는 **'보험료 불입액+이자수입상당액'**으로 하는 것이 합리적일 것입니다.

질문 : 퇴직금으로 수령하면 어떤 이득이 있습니까?

법인에서 발생한 이익에 대하여 오너 CEO(지배주주 & 대표이사)가 인출하는 방법은 다양합니다. 급여, 상여, 배당 등 다양한 방법으로 개인소득화가 가능합니다. 이때 가장 중요하게 고려해야 할 부분은 세금과 적법성일 것입니다.

대표이사의 퇴직금 지급은 상법 절차에 의한 만들어진 규정과 법인세법에 따른 한도만 고려하면 적법성을 부여받습니다. 세금부담도 급여, 상여, 배당을 통해서 수령하는 것에 비하여 약 50% 이상을 줄일 수 있습니다. **소득세 절세와 더불어 법인세 절세 효과**도 있습니다. 정당한 퇴직금은 손익계산서의 판매관리비 항목으로 손금으로 처리 가능하기 때문입니다.

질문 : CEO플랜의 법적 인정 여부는?

법인 정관은 법무사가 만들어 법원에 설립등기를 할 때 제출합니다. 원시정관에 임원의 퇴직금이 세법에서 요구하는 한도 규정이 있다면 그대로 적용을 해도 무관하지만, 통상 기본적인 표준정관으로, 이렇게 나타나 있습니다.

'임원의 퇴직금은 주주총회 결의에 의한다' 혹은 '임원의 퇴직금은 주주총회 결의를 거친 임원퇴직금 지급규정에 의한다'라고 기재되어 있습니다.

이러한 정관으로는 세법에서 인정하고 있는 CEO의 퇴직금을 지급받는 데 한계가 있습니다.

그러므로 정관 변경을 통해서 규정을 만들어야 합니다. 주주총회 의결을 거쳐 임원의 퇴직금 지급 규정을 개정 또는 수정해야 합니다. CEO가 주주총회 의장이 되어, 안건에 상정하고 토의를 거쳐 **특별결의**를 해야 합니다. 특별결의(출석주식수의 3분의 2 이상의 찬성과 발생주식수의 3분의 1 이상의 찬성)에 의하여 의결된 내용을 주주총회 의사록에 기재하고 **공증**(법적 의무는 없음)을 받으면 향후 분쟁에 대한 대비가 될 수 있습니다.

정관 변경을 의결하는 주주총회를 개최하기 위해서는 선행적으로 이사회를 통한 주주총회 소집통지를 하여야 합니다. 다만, 자본금이 10억 미만인 법인의 경우에는 주주 전원의 동의에 의하여 주주총회소집절차 없이 개최할 수 있습니다.

질문 : 퇴직금을 몇 배나 받을 수 있습니까?

법인세법에서 손금으로 인정하는 범위는 정관 규정에 따라 지급된 금액입니다. 만약 정관에서 정한 규정이 없다면 '퇴직한 날로부터 소급하여 1년 동안 해당 임원에게 지급한 총급여액의 10분의 1에 근속연수를 곱한 금액'을 지급할 수 있다고 규정하고 있습니다. **법인세법에서는** 사회통념을 벗어나지 않고, 특정 임원에게 과도한 퇴직금을 지급함으로 소득세를 탈루할 목적이 아닌 경우에는 몇 배에 대한 제한은 없습니다.

그러나 소득세법에서는 법인세법과 달리 임원이 수령하는 퇴직금에 대하여 근속기관에 따라 차등하여 배수를 정하고 있습니다. 2012년 이전까지의 기간에 대하여는 배수의 한도가 없고, 2012년 부터 2019년까지는 3배수를 한도로 정하고, 2020년 이후 부분에 대하여는 2배수로 한도를 축소하였습니다.

❖ 다음의 근로자가 퇴직시 지급받을 수 있는 퇴직금 중 일부는 퇴직소득 한도초과에 해당되어 근로소득세를 납부해야 합니다.

입사일	2014년 01월 01일			
퇴사일	2023년 12월 31일			
정관 규정	최근 3년 연봉의 10% × 근속년수 × 3배수			
연봉	2016년	2017년	2018년	2019년
	8천만 원	1억 원	1.2억 원	1.4억 원
	2020년	2021년	2022년	2023년
	1.5억 원	1.6억 원	1.8억 원	2억 원

1단계 정관에 따른 퇴직금 계산

$$(1.8억 원/10) \times 10년 \times 3배 = 5.4억 원$$

2단계 퇴직금의 기간별 안분

2019.12.31 이전 해당 금액	3.24억 원
2020.01.01 이후 해당 금액	2.16억 원

3단계 3단계 퇴직소득 한도액 계산

구분	배수적용 퇴직소득
2012년 ~ 2019년 해당금액	1.2억 원/10 × 6년 × 3배 = 2.16억 원
2020년 이후 해당금액	1.8억 원/10 × 4년 × 2배 = 1.44억 원

4단계 퇴직소득과 한도초과 근로소득 구분

구분	퇴직소득	근로소득	계
2019년 이전	2.16억 원	1.08억 원	3.24억 원
2020.01.01. 이후	1.44억 원	0.72억 원	2.16억 원
합계	3.6억 원	1.8억 원	5.4억 원

❖ **소득세법 22조 (퇴직소득)**

2019년 12월 31일부터 소급하여 3년 동안 지급받은 총 급여의 연평균 환산액 × $\frac{1}{10}$ × 2012년 1월 1일부터 2019년 12월 31까지 근무기간 × 3 + 퇴직한 날로부터 소급하여 3년 동안 지급받은 총 급여의 연평균 환산액 × $\frac{1}{10}$ × 2020년 1월 1일 이후의 근무기간 × 2

❓ 질문 : CEO 정기보험의 장점 5가지

- 법인세 절세 효과
- 퇴직금을 목돈으로 준비
- 회사 위험에 대한 대비
- 유가족 보호
- 재무구조 개선

❓ 질문 : 정기보험의 법인세 절세?

법인세 절세에 가장 직접적인 영향을 미치는 부분은 인건비 항목을 포함하고 있는 판매관리비 항목입니다. 인건비 관련 비용을 증대시키기 위해, 임원에게 높은 임금을 지급하는 것은 소득세 부담으로 실행하기에 다소 무리가 있습니다. 이때 선택할 수 있는 방법이 퇴직연금에 가입하는 것입니다. 퇴직연금에 납입하는 보험료는 전액 비용처리가 가능하나, 유동성이 확보되지 않습니다. 회사의 경영 위기 등으로 자금이 필요하더라도 사용할 방법이 없습니다.

그러나 CEO 정기보험은 퇴직연금의 단점인 유동성을 극복하면서, 퇴직연금의 장점인 법인세 절세 효과는 동일하게 볼 수 있습니다.

❓ 질문 : 정기보험을 통한 목돈 준비 가능?

법인의 오너 CEO는 다양한 방법으로 법인의 이익을 인출할 수 있습니다. 급여, 상여, 배당, 퇴직금 등 다양한 방법이 있습니다. 고려할 사항은 목적한 시점에 필요한 자금이 인출 가능한지와 그에 따라 부담할 세금입니다.

법인은 개인과 달리 은퇴 시 필요한 자금은 퇴직금으로 준비할 수 있습니다. 퇴직금은 타 소득에 비하여 목돈으로 수령할 수 있으며, 부담해야 할 세금도 적습니다. 이러한 장점이 있는 퇴직금도 지급하는 시기에 일시에 지급할 금액이 준비되지 않으면 수령할 수 없습니다. CEO정기보험에 가입하는 보험은 매년 비용으로 처리하면서 목돈으로 쌓아가는 구조입니다. **퇴직하는 시점에 계약자 변경을 하면 목돈을 수령할 수 있으며 적은 세금으로 퇴직금을 준비할 수 있습니다.**

❓ 질문 : 정기보험으로 회사 위험에 대한 대비?

중소기업의 CEO는 회사의 영업, 구매, 인사관리, 자금조달 등 거의 모든 부분을 책임지고 있습니다. **CEO 1인의 절대적 의존에 의하여 회사는 운영**됩니다. 만약 CEO가 사망하면 그 회사는 온전히 운영될 수 없습니다. 자금을 빌려준 상대방은 자금회수를 요구하고, 매입처의 재료 공급은 제한되어 지속적인 생산에 차질이 생겨 매출처가 원하는 시점에 제품을 공급하지 못하게 됩니다. 받아야 할 돈은 들어오지 않고 지급해야 할 자금은 급하게 회수하려 하여 자금의 동맥경화가 생깁니다. CEO 정기보험은 이러한 위험에 대한 대비가 가능합니다.

❓ 질문 : 정기보험으로 유가족에 대한 보호?

법인의 CEO는 한 가정의 가장입니다. 가장의 사망은 남은 유가족에게는 슬픔과 함께 경제적 압박으로 다가옵니다. 회사만 부자이지 CEO 개인은 가난한 경우가 많습니다. 더군다나 재산의 대부분이 본인 회사 주식입니다.

이러한 위험에 대비하기 위해서 필요한 보장자산(사망보장)을 중소기업 CEO가 수령하는 급여만으로 준비하는 것은 무리입니다. 법인의 자금으로 CEO 보장자산을 준비하면 갑작스런 위험에 대하여 대비를 할 수 있습니다. **법인이 수령하는 보험금을 유족보상금으로 지급하면 사랑하는 가족들은 상속세 납부, 생활비, 교육비 등에 사용할 수 있습니다.**

❓ 질문 : 정기보험을 통한 재무구조?

법인 CEO의 가장 큰 혜택은 거액의 퇴직금을 적은 세금 부담으로 개인화할 수 있다는 것입니다. 그러나 갑작스러운 퇴직금 지급으로 당해 판매관리비가 급격하게 증가한다면 결손이 발생합니다. 손익계산서 결손은 회사의 이해관계자들을 당황시킵니다. 자금을 대여해준 금융기관, 거래하고 있는 상대방, 과세관청, 내부 직원 등으로부터 좋지 않은 평가를 받게 되면 경영활동 등에 많은 제약이 따릅니다.

그러나 매년 일정한 금액을 비용으로 처리하여 적립한 CEO 정기보험은 **퇴직금을 수령하는 시점에 해약 또는 계약자 변경을 통하여 지급하게 되면 손익계산에 아무런 영향을 미치지 않아 재무구조를 개선시킵니다.**

case 1 퇴직시점에 퇴직금 10억 원이 비용으로 계상되어 결손이 발생함

일반적인 경우

	1기	2기	3기		10기
매출	30억 원	30억 원	30억 원		30억 원
비용	25억 원	25억 원	25억 원		25억 원 +10억 원
이익	5억 원	5억 원	5억 원		**Δ5억 원**

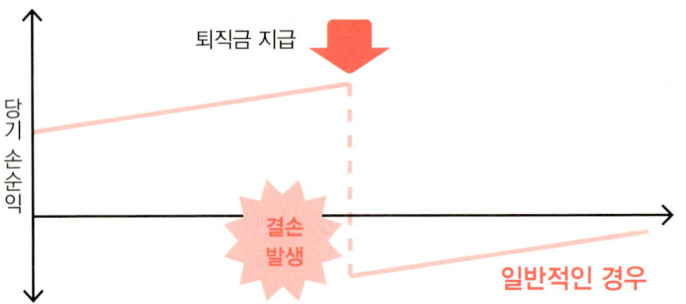

case 2 매년 1억 원씩 비용으로 처리하여 퇴직금 지급 시 영향이 없음

CEO 정기보험에 가입한 경우

	1기	2기	3기		10기
매출	30억 원	30억 원	30억 원		30억 원
비용	26억 원	26억 원	26억 원		26억 원
이익	4억 원	4억 원	4억 원		**4억 원**

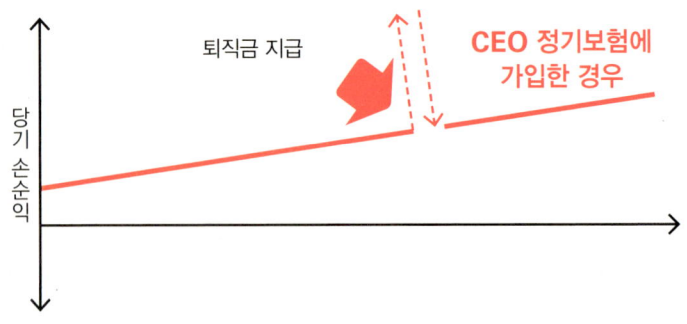

질문 : CEO 정기보험 계약자 수익자를 꼭 법인으로 해야 합니까?

소득세법 시행령 38조는 이렇게 규정하고 있습니다. '수익자를 법인이 아닌 피보험자인 CEO로 하여 납입하는 보험료는, 동 금액을 CEO에게 급여로 지급한 것으로 보아 해당 금액에 대하여 근로소득세를 징수해야 한다. 다만 사망, 상해 또는 질병을 보험금 지급사유로 하고 종업원을 피보험자와 수익자로 하는 단체 순수보장성보험 혹은 단체환급부 보장성보험에 가입하는 경우 연 70만 원 이하의 금액은 근로소득으로 보지 않는다'라고 되어 있습니다.

그러므로 계약자를 법인으로, 피보험자 수익자를 CEO로 하여 가입하는 CEO 정기보험의 보험료는 CEO에게 임금을 지급하는 것과 동일한 효과가 발생하므로, 수익자를 반드시 법인으로 하여야 합니다.

질문 : 정기보험에 납입하는 보험료가 전액 비용처리됩니까?

CEO 정기보험에 계약자 수익자를 법인으로 하여 가입한 보험에 납입하는 보험료에 대해 비용처리가 가능한지에 관련된 법 규정은 없습니다. 법은 세상의 모든 시시비비를 다 담을 수 없기 때문입니다. 이러한 법률적 공백은 판례와 국세청 또는 기획재정부의 예규를 통하여 가능 여부를 판단함이 맞을 것입니다.

> ✤ **기획재정부 법인세과-233(2013.5.20.)**
>
> - 제목: 임원을 피보험자로 법인을 수익자 및 계약자로 하는 보험의 세무처리
> - 답변: 내국법인이 임원(대표이사 포함)을 피보험자로 계약자와 수익자를 법인으로 하는 보장성보험에 가입한 경우, 법인이 납입한 보험료 중 만기환급금에 상당하는 보험료 상당액은 자산으로 계상하고, 기타의 부분은 이를 보험기간 경과에 따라 손금에 산입하는 것입니다.

❓ 질문 : 예규의 '만기환급금에 상당하는'의 의미는?

보험업법에서 만기환급금이란 보장성보험의 경우 보장의 효력이 끝나는 시점에 지급하는 금전을 말합니다. 가입한 상품의 가입설계서에 보장의 효력이 만료되는 만기시점에 환급되는 금액이 만기환급금이며, 그 금액을 자산으로 처리합니다.

만약 그 시점에 환급받을 수 있는 돈이 없다면 납입하는 보험료 중 자산을 형성하는 보험료가 없다는 의미이고, 보험료 전액을 비용처리 하는 것이 합리적이라는 것을 나타내고 있습니다.

❓ 질문 : 예규의 '보험기간 경과에 따라'의 의미는?

보험기간은 상법상 보험기간이 아니고 보험약관에 명시된 보험료 납입일입니다. 법인세법상 손익의 인식기준은 권리의무 확정주의입니다. 보험계약을 한 법인은 당해 보험료를 납입하는 날 납입한 보험료를 손금으로 인식하고 보험료를 수령한 보험회사는 동 시기에 매출을 인식합니다. 일시납으로 보험료를 납입하는 경우 **수익 비용 대응원칙**에 따라 보장기간 동안

보험료를 안분 계산하여 손금을 인식하여야 합니다. 즉, 보장기간과 납입기간을 같이 설정하여야 납입하는 보험료 전액을 손금으로 처리 가능합니다.

❓질문 : 손금의 구체적인 의미는?

법인세법 19조에 손금이란 업무와 관련하여 순자산을 감소시키는 거래로 인하여 발행하는 비용이라고 하고 있습니다. 또, 업무와 무관하게 발생한 비용은 손금에 반영할 수 없다고 규정합니다. 과연 법인이 납입하는 보험료가 사업과 관련된 손실 또는 비용인지 판단이 필요합니다. 근로자와 달리 법인의 임원은 경영위험에 직접적으로 노출되어 있고 근로자에 비해 과도한 업무와 정신적 스트레스에 노출되어 있습니다. 근로자는 업무상 위험을 산업재해보상법으로 보장받고 있지만, 임원은 위험이 과도하게 노출되어 있음에도 보장은 전무합니다.

법인이 납입하는 보험료는 **업무와 관련하여 순자산을 감소시키는 거래**로 인하여 발행한 비용이므로 손금으로 처리 가능합니다.

❓질문 : 납입하는 보험료가 과다한 경우 손금으로 처리 가능합니까?

법인세법에 26조에 '과다경비손금불산입'이라는 규정이 있습니다. 인건비가 과다하거나 부당하다고 인정되는 경우에는 손금에 산입하지 않는다는 것입니다. 법인이 납입하는 보험료가 임원의 인건비에 해당하는지에 따라 손금 여부가 결정된다고 볼 수 있습니다. 수익자가 법인이므로 임원이 금전적 이익을 가져 오는 인건비에 해당되지 않습니다. 당해 보험의 피보험자로서 계약의 성립요건에 의한 보장대상에 불과합니다. 만약 보장이 발생(사망)하더라도 그 이익은 임원이 아니라 수익자인 법인에게 돌아가므로 '과다경비손금불산입'에는 해당되지 않습니다.

다만, 납입하는 보험료 수준은 회사 재무상황과 임원의 위험 노출 빈도에 따라 달리 적용되어야 하지만 일반적으로 당기순이익의 10~20% 정도가 적당합니다.

❓ 질문 : 보험 계약 기간을 90세로 해야 하는 이유는?

일반적인 근로자의 정년은 정해져 있습니다. 정신적, 육체적으로 근무가 가능하다고 하더라도 근로기준법에 기한을 정하고 있습니다. 만약 근로자 혹은 일반적 임원의 경우라면 실제 근무가 예상되는 시점을 넘어서는, 퇴직 후까지 보장하는 부분에 해당하는 보험료까지 손금으로 처리하는 것은 논란이 있을 수 있습니다.

그러나 지배주주인 임원은 퇴직의 시기를 예상할 수 없습니다. 법률적 제한은 없습니다. 다만, 자의적 판단에 의해 스스로 퇴직의 시기를 결정합니다. 그러므로 일반근로자 혹은 일반 임원과 달리 주식을 가지고 있는 지배주주이며, **회사의 임원은 보장기간과 납입기간이 길다고 하더라도 전혀 문제가 없습니다.** 이러한 의문에 대한 명확한 답변은 2015년 기획재정부 예규에 나타나 있습니다.

❓질문 : CEO 경영인 정기보험의 손금처리 4가지

1) 원칙

법인이 납입한 보험료 중 만기환급금에 상당하는 보험료 상당액은 자산으로 계상하고, 기타의 부분은 이를 보험기간 경과에 따라 손금에 산입(기획재정부 법인세제과 - 306, 2015.4.20.)

2) 정년퇴직시점에 고용관계가 해지

정년퇴직 시에 해약 환급금에 상당하는 적립보험료 상당액은 자산으로 계상하고, 기타의 부분은 손금에 산입(법규법인 2013 - 397, 2013.10.24.)

3) 퇴직기간이 정해지지 않아 만기환급금을 산정할 수 없는 경우

법인이 납입한 보험료 중 만기환급금에 상당하는 보험료 상당액은 자산으로 계상하고, 기타의 부분은 이를 보험기간 경과에 따라 손금에 산입(기획재정부 법인세제과 - 306, 2015.4.20.)

4) 정년퇴직 전에 퇴직하여 해약하는 경우

해약환급금과 자산으로 계상된 적립보험료 상당액과의 차액은 해약일이 속하는 사업연도의 익금 또는 손금으로 처리(법규법인 2013 - 397, 2013.10.24.)

PART 3
노무 컨설팅

1부
노무 점검

- 필수 근로기준법
- 근로시간
- 휴일 및 휴가
- 임금
- 근로계약서
- 근로관계의 종료

1
필수 근로기준법

❓ 질문 : 우리 회사 근로자는 몇 명입니까?

'근로자'란 직업의 종류와 관계없이 임금을 목적으로 사업장에 근로를 제공하는 사람을 말합니다. 계약의 형태에 관계없이 임금을 목적으로 종속적인 관계에서 사업주에게 근로를 제공했는지 여부로 판단합니다. 계약기간에 따라 정규직, 비정규직으로 구분하고 근로시간에 따라 통상근로자, 단시간근로자로, 4대 보험에서는 상용근로자, 일용근로자로 구분합니다.

구분	종류
계약기간	정규직 근로자
	비정규직 근로자
	기한의 정함이 있는 근로자
	기한의 정함이 없는 근로자
근로시간	통상근로자
	단시간근로자
4대 보험	상용근로자
	일용근로자

질문 : 3.3%의 사업소득세만 공제하는 사람도 근로자입니까?

근로자로 볼 수도 있습니다. 사업소득세를 납부하고 있는 것은 근로자성이 부인되는 절대적인 기준은 아닙니다. 근로계약서가 아닌 도급 계약을 체결하고 기본급이 없고 4대 보험을 가입하지 않았다고 근로자가 아닌 것은 아닙니다. 계약의 형태가 판단 기준이 아니라 **사용종속성이 확인되면 근로자로 판단**합니다. 근로계약의 가장 중요한 요소는 사용종속성으로 보고 있습니다. 법원이 사용종속관계를 판단하는 데 사용한 기준 6가지는 다음과 같습니다.

질문 : 법원이 사용종속성을 판단하는 기준은?

① 업무 내용이 사용자에 의해서 결정되는가
② 회사의 복무 규정을 적용받고 있는가
③ 근무시간과 장소가 구속되는가
④ 업무 수행 중 상당한 지휘 감독을 받고 있는가
⑤ 작업도구를 사용자가 제공하는가
⑥ 관계의 계속성 전속성이 있는가

질문 : 근로자로 다툼의 여지가 많은 업종은 어떻게 됩니까?

다음의 업종에 종사하는 분들은 실제 도급, 위임 계약을 하고 사업소득세 3.3%만 원천징수하고 있다고 하더라도 근로자로 다툼의 여지가 많습니다.

① 의료서비스 업종으로 간병인, 병원 코디네이터, 요양보호사
② 백화점을 포함한 유통사업 업종은 텔러마케터, 가전제품 설치기사,

매장 매니저, 정수기 방문관리직
③ 교육사업 업종은 입시학원 강사, 미술·음악·미용학원 강사, 방과 후 학교 강사, 지입제 학원차량기사
④ 화물운송 업종은 지입제 트럭 운전기사, 택배기사
⑤ 기타 업종으로는 휴대폰 매장 판매사원, 통계조사원, 애견미용사

질문 : 위임계약에 의해 도급 형태로 일을 하는 사람도 근로자로 볼 수 있습니까?

만약 실제 업무 형태가 도급의 형태를 가진 위임계약이라면, 근로계약으로 변질되지 않도록 과도한 지휘 명령권 행사를 배제하도록 운영해야 합니다.

최근 대법원 판례는 기본적인 급여가 없고 성과급 형태로만 보수가 지급된 채권추심회사의 직원의 경우에도 근로자로 인정하였습니다. 위임계약서를 작성하고 성과에 대한 수당으로 보수를 받지만, 임금을 목적으로 종속적인 관계에서 근로를 제공하였다고 판단한 것입니다.

이렇게 근로자성이 애매했던 직업군들도 근로자로 인정하고 있는 추세입니다. 별도의 사업자 등록을 한 소사장도 사용자로부터 지휘 감독을 받았다면 근로기준법상 근로자에 해당한다고 하고 있습니다.

❓ 질문 : 1인 이상 사업장 적용 근로기준법 7가지

근로자를 1인 이상 고용한 사업장은 상시근로자 수가 5인 미만이어도 다음의 7가지는 꼭 지켜야 합니다.

① 근로계약서를 작성해야 합니다.

② 최저임금 이상을 지급해야 합니다.

③ 근로시간 8시간에 1시간, 4시간에 30분 이상의 휴게 시간을 주어야 합니다.

④ 1주 소정근로시간을 개근한 직원에게 하루 **주휴일을 유급**으로 주어야 합니다.

⑤ 1년 이상 근무한 근로자에 대하여는 최소 30일 이상의 퇴직금을 지급해야 합니다.

⑥ 종업원 해고 시 30일 전에 **해고 예고를** 하여야 합니다.

⑦ 성희롱예방교육, 장애인 인식개선교육 등 법정의무교육을 실시해야 합니다.

❓ 질문 : 5인 이상 사업장 적용 근로기준법은?

① 근무시간에 대한 제한입니다. 법정근로시간은 1주 40시간과 연장근로시간 12시간으로 총 52시간입니다. 반면 5인 미만 사업장은 52시간 근로기준법이 적용되지 않습니다.

② 연장 야간 휴일 근로에 대해서 50%의 가산된 임금을 지급해야 합니다. 반면 5인 미만 사업장은 법정근로시간을 초과하여 근무하여도 시간외수당을 지급하지 않습니다.

③ 주휴일 외에 연차휴가를 부여해야 합니다. 반면 5인 미만 사업장은 주휴일 외에 추가적인 연차휴가를 부여하지 않습니다.

④ 기간제법의 적용으로 기간제 근로자를 2년을 초과하여 계속 사용할 경우 정규직 근로자로 의무 전환됩니다. 반면 5인 미만 사업장은 위 규정이 적용되지 않습니다.

⑤ 특별한 사유 없이 임의로 근로자를 징계하거나 해고할 수 없을 뿐만 아니라 출산휴가 기간 및 그 후 30일, 산재요양기간 및 그 후 30일 동안은 어떠한 이유로도 해고가 금지됩니다. 반면 5인 미만 사업장에서는 정당한 해고사유가 없더라도 종업원을 해고할 수 있습니다.

질문 : 10인 이상 사업장 적용 근로기준법은?

상시 10명 이상의 근로자를 사용하는 사용자는 해당 사업장에 적용할 취업규칙을 작성하여 노동부 장관에게 신고해야 합니다. 취업규칙을 신고하지 않으면 500만 원 이하의 과태료가 부과됩니다. 사업장에서 '사규', '규정', '지침' 등 다양한 명칭으로 불러도 사용자가 정한 근로조건을 담은 것이면 근로기준법에서 정한 취업규칙으로 봅니다. 그러나 향후 노사분쟁에 중요한 단서가 될 수 있기 때문에 일정한 양식에 따라 작성하는 것이 바람직합니다. 고용노동부에서 제공하는 취업규칙 샘플을 이용하여 사업장 환경에 맞게 변형하여 사용하면 효과적입니다.

취업규칙을 작성 또는 변경하기 위해서는 근로자 과반수로 조직된 노동조합의 의견, 근로자의 과반수로 조직된 노동조합이 없는 경우에는 근로자 과반수의 의견을 들어야 합니다. 단, 취업규칙을 근로자에게 불리하게 변경하는 경우에는 근로자 과반수로 조직된 노동조합의 동의를 받아야 합니다.

질문 : 상시근로자에 대한 판단은 어떻게 합니까?

상시근로자란 파견근로자, 도급(용역)근로자 등 간접 고용되는 근로자를 제외하고 직접 고용되는 근로자는 고용 형태를 불문하고 모두 포함합니다. 임시 근로자의 형식을 취하고 있더라도 실제 고용되어 있는 기간제 근로자, 단시간 근로자, 일용직 근로자, 계약직 근로자도 상시근로자입니다. 근로계약이 형식에 의해 일정기간 계속되어야만 상시근로자로 판단하는 것은 아닙니다. 상시 사용되고 있는 것이 객관적으로 판단될 수 있는 근로자는 상시근로자에 포함됩니다.

상시근로자가 5인 이상이면 근로기준법이 전면 적용되지만, 5인 미만이면 근로기준법 적용이 일부 제외됩니다. 대표적인 것이 시간외 수당에 대한 가산할증과 연차휴가 부여 등이 있습니다.

상시근로자 수 계산은 해당사업장에서 법 적용사유 발생일 전 1개월 동안 사용한 근로자의 연인원(延人員)을 발생일 전 1개월 동안의 가동 일수로 나누어 산정합니다. 예를 들어 어떤 일을 하는 데 있어서 매일 6명이 20일 동안 동원되었다면 연인원은 120명이 되는 것입니다.

❖ 연인원이 140명입니다. 5인 미만 사업장입니까?

연인원	가동 일수	5인 이상 근무한 날
140명	30일	17일

5인 이상 사업장에 해당됩니다. 왜냐하면 연인원 140명을 가동 일수 30일로 나누면 상시근로자 수가 4.66명입니다. 이 경우 계산된 상시근로자 수는 5인 미만이지만, 산정기간에 속하는 일별로 근로자 수를 파악하였을 때 5인 이상인 기간이 50%(17일) 이상이기 때문에 5인 이상 사업장 적용을 받습니다.

❖ 연인원이 160명입니다. 5인 이상 사업장입니까?

연인원	가동 일수	5인 이상 근무한 날
160명	30일	14일

5인 미만 사업장에 해당됩니다. 왜냐하면 연인원 160명을 가동 일수 30일로 나누면 상시근로자 수가 5.33명입니다. 이 경우 계산된 상시근로자 수는 5인 이상이지만, 산정기간에 속하는 일별로 근로자 수를 파악하였을 때 5인 미만인 기간이 50%(14일) 이상이기 때문에 5인 미만 사업장 적용을 받습니다.

※ **근로기준법 시행령 제 7조의 2 (상시근로자 수의 산정 방법)**

① 발생 전 1개월 동안 사용한 근로자의 연인원을 같은 기간 중의 가동일수로 나누어 산정한다.

② 1항에도 불구하고 다음 각 호의 구분에 따라 5명 이상의 근로자를 사용하는 사업장으로 보거나 법 적용 사업장으로 보지 않는다.

법 적용 사업장으로 보는 경우: 제 1항에 따라 해당 사업장의 근로자 수를 산정한 결과 법 적용 사업장에 해당하지 않는 경우에도 산정기간에 속하는 일별로 근로자 수를 파악하였을 때 법 적용 기준에 미달한 일수가 2분의 1 미만인 경우

법 적용 사업장으로 보지 않은 경우: 제 1항에 따라 해당 사업장의 근로자 수를 산정한 결과 법 적용 사업 또는 사업장에 해당하는 경우에도 산정기간에 속하는 일별로 근로자 수를 파악하였을 때 법 적용 기준에 미달한 일수가 2분의 1 이상인 경우

2 근로시간 관리

근로자가 사용자의 지휘 감독 아래 근로계약상의 근로를 제공하는 시간을 근로시간이라고 합니다. 실제의 작업시간은 물론 사용자의 묵시적 감독 아래 대기한 시간도 포함합니다. 근로자가 주어진 시간을 마음대로 사용할 수 없다면 그 시간도 근로시간에 포함됩니다.

근로기준법에서 정하고 있는 법정근로시간과 그 시간을 초과하여 근무하는 연장근로시간에 대하여 임금을 어떻게 지급해야 하는지, 연장근로시간을 포함한 최대 근로시간은 1주당 몇 시간인지, 사업주는 알고 있어야 합니다. 또한 사업장의 업무효율성을 높이고, 가족친화경영, 근무환경 개선을 위하여 탄력근무제를 실시하고자 하면 어떻게 해야 하는지에 대하여 살펴보겠습니다.

❓ 질문 : 법정근로시간과 소정근로시간에 대하여 알려 주세요

근로기준법에 의한 **법정근로시간**은 휴게시간을 제외하고 1주 **40시간**, 1일 **8시간**입니다. 당사자 간 합의에 의하면 1주간 12시간을 한도로 근로시간을 연장할 수 있습니다. 다만, 연소자(만 15세 이상~18세 미만)는 1일 7시간, 1주 35시간이 법정근로시간이며 1일 1시간, 1주 5시간을 한도로 근로시간을 연장할 수 있습니다.

소정근로시간이란 법정근로시간 범위 안에서 근로자와 사용자 간에 정한 근로시간을 말합니다. 근로자는 근로를 제공할 의무가 있으며 사용자는 연장 및 휴일근로수당 연장수당의 산정에 있어서 법률상 통상시급을 산출하는 기준이 되는 시간입니다. 1일 근로시간이 불규칙한 경우 1주 또는 월 소정 근로시간수를 계산하여 이를 평균한 시간을 소정근로시간으로 정할 수 있습니다.

소정근로시간은 근로계약서나 **연봉계약서에 반드시 명시해야 합니다.**

질문 : 휴게시간에 대하여 알려 주세요

휴게시간은 근로자가 계속해서 근로힘에 따라 쌓이는 피로를 회복시켜 근로의욕을 확보 유지하는 데 그 목적이 있습니다. 근로자가 자유로이 이용하는 것이 원칙입니다. 점심시간 등 명칭이 어떠하든 간에 근로자가 사용자의 지휘 감독으로부터 벗어나 자유로이 사용할 수 있는 시간을 말합니다.

실제 근로제공은 없지만 언제 근로제공의 요구가 있을지 모르는 상태에서 기다리는 시간은 대기시간으로 휴게시간으로 볼 수 없습니다. 8시간 근무에 1시간, 4시간 근무에 30분 이상의 휴게시간을 부여해야 합니다.

질문 : 연장근로시간에 대해서 알려 주세요

연장근로시간이란 법정근로시간을 초과하여 근무하는 시간을 말합니다. 1일 8시간, 1주 40시간을 초과하여 근무하는 시간을 말합니다. 근로자와 합의가 있는 경우에는 **1주일에 12시간을 한도로 연장근로가 가능**합니다.

연장근로시간에 대해서는 통상시급을 산정하여 해당 시급의 50%를 가산하여 추가로 지급해야 합니다.

다만 5인 미만 사업자에 대해서는 연장근로시간 한도에 대한 제한이 없으며 가산할증임금을 추가로 지급하지 않아도 됩니다.

❖ 일별 근무시간에 따른 연장근로시간은 몇 시간입니까?

주 40시간 근무제	월	화	수	목	금	토	일
	8	10	10	8	4	6	휴무

1주일 근무한 시간은 총 46시간으로 6시간을 초과하고, 1일 8시간을 초과하여 근무한 화요일과 수요일 각 2시간도 연장근로시간입니다. 당 근로자에게 연장근로로 가산하여 지급해야 할 연장근무시간은 더 큰 시간인 6시간입니다.

❓ 질문 : 간주근로시간제에 대하여 알려 주세요

업종의 다양화 등에 따라 생산직과 달리 근로시간 체크가 어려운 근로자가 점차 증가하여 실제 근로한 시간에 대한 계산이 어려운 경우가 많습니다. 업무의 대부분을 외부에서 활동하는 영업사원, 상품 A/S 업무사원, 시장조사 사원 등 근로시간을 계산하기 어려운 근로자는 그날그날 실제 근로한 시간을 계산하기보다는 일정한 시간을 근로시간으로 간주하여 정하는 것을 간주근로시간제라고 합니다.

❓ 질문 : 감시단속적 근로자에 대하여 알려 주세요

임원의 차량을 운전하는 운전기사와 같이 노동의 강도 및 밀도가 낮고 신체적 피로나 정신적 긴장이 적은 업무에 종사하는 근로자를 감시 단속적 근로자라고 하여 대기시간도 휴게시간으로 인정을 받을 수 있습니다. 감시 근로란 수위업무, 화재감시, 물품감시 등과 같이 신체적 정신적 업무의 과중이 없이 감시하는 것을 말하며 단속적 근로란 근로 형태가 간헐적, 단속적인 것으로 휴게시간과 대기시간이 많은 임원의 운전기사 등을 말합니다. 고용노동부장관의 승인이 필요하며, 승인을 받은 경우에는 근로기준법상의 근로시간과 휴게, 휴일 규정이 미적용되어, 주휴수당과 각종 가산 수당을 지급하지 않아도 됩니다.

❓ 질문 : 주 52시간 근로제도에 대하여 알려 주세요

근로자의 1주 최대 근무시간을 52시간으로 제한하는 것입니다. 기존 근로기준법에도 1주 법정 근로시간을 40시간, 연장근로를 12시간으로 정하여 명목상으로 '주 52시간 근무'를 규정하였습니다. 그러나 고용노동부 행정해석을 통해 1주의 범위를 월요일에서 금요일까지로 한정하여, 휴일에 근무하는 16시간은 연장근로가 아닌 휴일근로로 하여 '주 68시간 근무'가 이루어지고 있었습니다. 그러나 **2018년 2월 국회를 통과한 법 개정**으로 1주의 기준을 7일로 명확히 하여 **휴일근로도 연장근로에 포함시켜 1주 최대 근로시간을 52시간으로 한정**하게 되었습니다.

❓ 질문 : 주 52시간 근로제도는 언제부터 시행됩니까?

근로기준법의 개정으로 인한 중소기업의 충격을 완화하기 위해 기업 규모별로 적용시기를 차등적용 합니다. 근로자 300인 이상의 사업장과 공공기관은 연장근무를 포함하여 **주 52시간 근로제도를 2018년 7월 1일부터 실시**하였습니다. 근로자 수에 따라 다음과 같이 시행일을 달리 적용합니다. 근로자가 50인 이상인 경우에 2020년 1월 1일부터 시행할 예정이었지만 현실적 노동현장을 고려하여 **충분한 계도기간(1년 이상)**을 두기로 하였습니다.

종업원 수	시행일	내용
300인 이상	2018.7.1	주 52시간
50인 이상~300인 미만	2020.1.1	
5인 이상~50인 미만	**2021.7.1**	

❓ 질문 : 30인 미만 사업장에 적용되는 특별연장근로가 무엇입니까?

5인 이상 30인 미만의 소규모사업장은 근로자 대표와의 서면 합의를 통하여 근로시간을 연장할 수 있습니다. (근로기준법 53조)

❖ 제53조(연장근로의 제한)

① 당사자 간에 합의하면 **1주간에 12시간을 한도로** 제 50조의 근로시간을 연장할 수 있다.

② …

③ 상시 30인 미만의 근로자를 사용하는 사용자는 근로자 대표와 서면 합의할 경우 제1항 또는 2항에 따라 연장된 시간에 더하여 **1주간에 8시간을 초과하지 아니하는 범위**에서 근로시간을 연장할 수 있다.

❓질문 : 탄력적 근로제도에 대하여 알려 주세요

탄력적 근로시간제란 유연근무제도의 일종으로 근로기준법 51조에 근거를 둔 제도입니다. **특정일의 노동시간을 연장하는 대신 다른 날의 노동시간을 단축해 일정기간 평균 노동시간을 법정노동시간에 맞추는 방식**입니다. 특정일 또는 특정한 주에 기준근로시간을 초과하더라도 근로시간위반이 아니며 초과시간에 대한 할증 임금을 지급하지 않아도 됩니다.

2주 이내 또는 3개월 이내 단위기간을 정해 운용할 수 있습니다. 단, 연소자(15세 이상~18세 미만)와 임신 중인 여성 근로자에게는 적용할 수 없습니다.

❓질문 : 탄력적 근로제도를 운영하면 기업은 어떤 장점이 있나요?

1주간 최대 근로할 수 있는 시간을 늘릴 수 있습니다. 법에서 정한 1주간 최대 근로시간은 52시간(법정근로 40시간+연장근로 12시간)입니다. 그러나 2주 단위 탄력근로제를 실시하면 1주간 최대 근로가능 시간을 **60시간**, 3개월 단위 탄력근로제를 실시하면 1주간 최대 근로가능시간을 **64시간**으로 늘릴 수 있습니다.

연장근로수당을 제한적으로 줄일 수 있습니다. 법에서 정한 1일 8시간, 1주 40시간을 초과하여 근무하는 근로자에게는 연장근로수당을 지급해야 합니다. 하지만 탄력적 근로시간 제도를 운영하면 평균 근로시간이 주 40시간을 초과하지 않으면 특정 기간에 근로시간을 늘려도 연장근로수당을 지급하지 않아도 됩니다.

❓ 질문 : 2주 단위 탄력적 근로시간제에 대하여 알려 주세요

2주 기간 동안 1주 평균근로시간이 40시간을 초과하지 않는 상태에서 특정일에 8시간, 특정주에 40시간을 초과하더라도 연장근로로 보지 않지만 특정주의 근로시간은 48시간을 초과할 수 없습니다.

48시간에 연장근로 12시간을 더하면 **1주간 근로 가능한 법정최고한도시간은 60시간(48시간+연장근로 12시간)**이 됩니다. 다음과 같이 근무시간을 설정해도 연장근로수당은 발생하지 않습니다.

단위: 시간

구분	월	화	수	목	금	토	일	총시간
1주	8	8	8	8	휴무	휴무	주휴	32
2주	8	8	8	8	8	8	주휴	48

2주 단위 탄력 근로시간제를 도입하기 위해서는 **취업규칙으로 정하여야 합니다.** 취업규칙 작성의무가 없는 10인 미만 사업장에서는 '취업규칙에 준하는 것'에 해당하는 규정이 있으면 됩니다. 특별한 형식은 요하지 않지만, 최소한 서면으로 작성하여 근로자가 주지할 수 있도록 해야 합니다.

❖ 2주 단위 탄력적 근로시간제 운영 예시

case 1

1주차에는 최대 근로가능 시간인 48시간을 근무하고 2주차에는 32시간을 근무하여 평균시간 40시간을 맞추는 방법입니다.

단위: 시간

	근무시간	연장 근로시간	총 근로시간	평균 근로시간
1주차	48	x	80	40
2주차	32	x		

case 2

1주차는 60시간(48시간+연장근로 12시간)을 근무하고 2주차에는 32시간을 근무하여 평균근로시간을 40시간으로 맞추는 방법입니다. 이 경우 연장근로 12시간에 대한 가산임금을 지급해야 합니다.

단위: 시간

	근무시간	연장 근로시간	총 근로시간	평균 근로시간
1주차	60	12	92	40
2주차	32	x		

case 3

1주차는 60시간(48시간+연장근로 12시간)을 근무하고, 2주차에는 44시간(32시간+연장근로 12시간)을 근무하여 평균근로시간을 40시간으로 맞추는 방법입니다. 이 경우 연장근로 24시간에 대한 가산임금을 지급해야 합니다.

단위: 시간

	근무시간	연장 근로시간	총 근로시간	평균 근로시간
1주차	60	12	104	40
2주차	44	12		

❓ 질문 : 3개월 단위 탄력적 근로시간제에 대하여 알려 주세요

3개월 이내의 일정한 단위기간을 정한 후 1주 평균근로시간이 40시간을 초과하지 않는 상태에서 특정일에 8시간, 특정주에 40시간을 초과하더라도 연장근로로 보지 않는 제도를 말합니다. 이 경우 특정한 날의 근로시간은 12시간, 특정주의 근로시간은 52시간을 초과할 수 없습니다.

1주간 근로 가능한 법정최고한도는 64시간(52시간+연장근로 12시간)이 됩니다. 따라서 다음과 같이 근무시간을 설정해도 연장근로수당은 발생하지 않습니다.

단위: 시간

구분	월	화	수	목	금	토	일	총시간
1주	7	7	7	7	휴무	휴무	주휴	28
2주	12	12	12	8	8	휴무	주휴	52

3개월 단위 탄력 근로시간제를 도입하기 위해서는 근로자 대표(근로자의 과반수로 조직된 노동조합, 과반노조가 없는 경우에는 근로자 과반수를 대표하는 자)와의 **서면합의에 따라 도입해야 합니다.** 근로자 대표와의 서면 합의가 아닌 근로자 과반수의 개별적 서면 동의만을 받는 경우에는 이를 실시 할 수 없습니다. 근로자대표와 대상근로자의 범위, 단위기간, 단위기간 근로일, 근로자별 근로시간, 합의의 유효기간을 반드시 서면으로 합의하여야 합니다.

❋ 3개월 단위 탄력적 근로시간제 운영 예시

case 1

1주차에는 최대 근로가능 시간인 52시간을 근무하고 2주차에는 28시간을 근무하여 평균시간 40시간을 맞추는 방법입니다.

단위: 시간

	근무시간	연장 근로시간	총 근로시간	평균 근로시간
1주차	52	x	80	40
2주차	28	x		

case 2

1주차는 64시간(52시간+연장근로 12시간)을 근무하고 2주차에는 28시간을 근무하여 평균근로시간을 40시간으로 맞추는 방법입니다. 이 경우 연장근로 12시간에 대한 가산임금을 지급해야 합니다.

단위: 시간

	근무시간	연장 근로시간	총 근로시간	평균 근로시간
1주차	64	12	92	40
2주차	28	x		

case 3

1주차는 64시간(52시간+연장근로 12시간)을 근무하고, 2주차에는 40시간(28시간+연장근로 12시간)을 근무하여 평균근로시간을 40시간으로 맞추는 방법입니다. 이 경우 연장근로 24시간에 대한 가산임금을 지급해야 합니다.

단위: 시간

	근무시간	연장 근로시간	총 근로시간	평균 근로시간
1주차	64	12	104	**40**
2주차	40	12		

3
휴일 및 휴가 관리

근로자가 계속해서 근로함에 따라 쌓이는 피로를 회복시켜 근로의욕을 확보·유지하기 위하여 사업주는 휴게시간과 휴일을 제공해야 합니다. 실제 근로를 제공하지 않았더라도 임금을 지급해야 하는 유급휴일에 대한 명확한 상호 간의 합의는 반드시 필요합니다. 또한 5인 이상 사업장에 근무하는 근로자에게는 반드시 연차휴가를 부여해야 합니다. 최근 개정된 신규 입사자의 연차휴가에 대한 내용과 각종 판례에 의한 사례는 사업주가 반드시 확인해야 할 중요한 내용입니다.

노사분쟁이 발생하면 미 사용연차휴가가 임금체불로 이어져 추가적인 임금을 지불해야 합니다. 고용노동부 조사에 의하면 근로자의 연차휴가 실사용일은 8.6일에 불과하다고 합니다. 우리 회사 근로자의 연차휴가는 어떻게 관리하고 있는지 점검해야 합니다.

❓질문 : 법정휴일에 대하여 알려 주세요

휴일이란 근로계약 체결 시 근로제공의무가 없는 날로, 사용자의 업무지시로부터 자유로운 날을 말합니다. 법정휴일과 약정휴일로 구분할 수 있습니다. **근로자에게 부여된 법정휴일은 주휴일과 근로자의 날(매년 5월 1일)** 입니다. 근로자의 날 부여하는 법정휴일은 '근로자의 날 제정에 관한 법률'

에 의한 유급휴가로서 개근 여부에 관계없이 주어지며, 연차휴가 등의 휴일과 대체하는 것을 인정하지 않습니다.

질문 : 주휴일에 대하여 알려 주세요

주휴일이란 1주 동안 소정근로일수를 개근한 경우 1일의 유급휴일을 부여하는 것을 말합니다. 1주일 중 소정근로일수가 5일인 경우 법정 유급휴일은 1일(통상 일요일)입니다. 유급휴일은 어느 요일을 특정할 필요는 없습니다. 꼭 일요일이 아니어도 되고, 매주마다 주휴일이 같아야 하는 것도 아닙니다. 그러나 대부분 근로계약 체결 시에 주휴일을 미리 특정합니다.

만약 특정일을 변경하고자 하면 사업주가 일방적으로 변경할 수 없습니다. 근로조건의 내용이 변경된 것이므로 근로자의 동의를 구해야 합니다. 그러므로 교대제 근무 형태와 같이 미리 특정한 휴일을 주휴일로 정하기 어려운 경우에는 근로계약서에 '휴일은 근무 스케줄 표에 따른다'라고 규정하는 것이 좋습니다.

주휴일은 계약 형태에 상관없이 요건을 충족했다면 부여해야 합니다. **단시간 근로자라 하더라도 1주에 15시간 이상을 근무한다면 주휴일을 부여**해야 합니다. 일용직 근로자 역시 근로관계가 반복되어 일정기간을 계속 근로하여 주휴일의 요건을 충족했다면 주휴일에 해당하는 임금을 지급해야 합니다.

❓질문 : 공휴일(빨간날)은 법정휴일입니까?

공휴일은 '**관공서의 공휴일에 관한 법률**'에 따른 휴일이지 일반 근로자들의 법정휴일이 아닙니다. 일반적으로 공무원들에게 주어지는 휴일입니다. 노사 간 합의에 의해서 유급휴무, 무급휴무로 정할 수 있습니다. 취업규칙 등에 무급휴무로 정한 경우에는 종업원이 출근하지 않으면 임금을 주지 않아도 됩니다. 그러나 유급, 무급을 정하지 않은 상황에서 수년간 관례적으로 근로자를 쉬게 하고 임금을 지급해 왔으면, 해당 공휴일은 유급휴무로 정한 것으로 인정합니다.

근로기준법의 개정으로 상시근로자가 30명 이상인 경우에는 공휴일을 유급휴가로 근로자에게 부여해야 합니다.

다만 상시 근로자가 5인 이상인 사업장은 2022년 1월 1일 이후부터 시행합니다.

민간기업의 경우 별다른 취업규칙이나 단체협약이 없다면 법정공휴일이 무급이거나 연차로 대체하여 쉬거나 출근하는 경우가 대부분이었습니다. 하지만 2020년 1월 1일 부터 민간기업과 공공기업 휴일의 양극화를 없애고 근로자 모두 동등해지도록 법정공휴일에 유급휴일을 의무화했습니다. 뿐만 아니라 임시공휴일, 대체공휴일, 선거일 모두 유급휴일을 보장합니다.

❓ 질문 : 연차휴가에 대하여 알려 주세요

5인 이상 사업장에서 1년간 80% 이상을 출근한 경우 15일의 유급휴가를 주는 것을 연차휴가라고 합니다. 또한 근속연수가 1년 미만인 근로자 또는 1년에 80% 미만을 출근한 근로자에게는 하루의 유급휴가를 주어야 합니다. 3년 이상 계속 근무한 경우 매 2년에 1일을 가산하고 총 휴가일수는 25일을 한도로 합니다.

1년	2년	3년	4년	5년	10년	15년	20년	21년	25년
15일	15일	16일	16일	17일	19일	22일	24일	25일	25일

❓ 질문 : 신규입사자의 연차휴가는 어떻게 부여합니까?

기존에는 근속기간이 1년이 되지 않은 신입사원이 1개월 개근 시 1일의 유급휴가를 주고, 1년이 되기 전 미리 사용한 연차휴가는 1년 근무 이후 발생한 연차일수(15일)에서 뺀 나머지를 연차휴가로 부여하였습니다.

그러나 2018년 5월 29일 개정 근로기준법의 시행으로 입사 후 1년간의 출근율이 80% 이상인 경우 2년차에 쓸 수 있는 유급휴가일수는 1년 차에 1개월 개근 시 발생한 1일의 유급휴가와 별도로 15일의 연차휴가를 부여합니다. **입사일로부터 2년 동안 최대 26일의 연차휴가를 사용할 수** 있습니다. 이 규정은 **2017년 5월 30일 이후 입사자부터 적용**이 됩니다.

연차유급휴가는 사용자의 귀책사유로 사용하지 못한 경우를 제외하고 1년간 행사하지 않으면 소멸하나 신규입사자의 연차수당은 1년이 경과하여 사용할 수 있는 기간이 종료된 후 미사용수당을 지급해야 합니다. 1년차에 대한 유급휴가를 2년차 종료시점까지 사용할 수 있도록 합의한 경우라면,

1년차에 발생한 휴가의 미사용수당은 2년차가 종료한 다음 날에 지급해야 합니다.

❓질문 : 계약기간이 1년인 기간제 근로자도 연차휴가를 주어야 합니까?

판례에 따르면 근로계약기간을 1년으로 한 기간제노동자의 1년간의 출근율이 80% 이상이면 계약기간 만료 시 15일분의 연차휴가보상청구권이 발생한다는 입장입니다. 개정된 노동법을 적용하면 1년차 때 1개월 개근 시 1일씩 발생하는 유급휴가도 별도로 인정하는 만큼, 1년 기간제노동자의 계약기간이 만료되는 경우 **최대 26일분의 미사용수당을 지급해야 할** 것입니다.

❓질문 : 연차휴가는 언제 사용할 수 있습니까?

연차휴가는 근로자가 요청할 때 주어야 하는 것이 원칙입니다. 그러나 근로자가 요청한 시기에 휴가를 주는 것이 사업운영에 막대한 지장이 있는 경우에는 그 시기를 변경할 수 있습니다. 휴가를 사용하고자 하는 직원에게는 '연차휴가 사용신청서'를 받아 놓으셔야 합니다. 노동분쟁 발생 시 사업주가 직원에게 연차휴가를 부여했다는 증명이 되기 때문입니다. 반드시 연차휴가대장을 작성하여 근로자별로 관리하는 것이 바람직합니다.

❓질문 : 연차휴가에 대한 사용자 의무는 무엇입니까?

근로자가 1년 이내에 연차휴가를 사용하지 않을 경우에는 취업규칙에서 정하는 연차휴가일수 만큼의 통상임금을 지급해야 합니다. 그러나 사업주가 '연차휴가사용촉진조치'를 성실히 수행했다면 금전보상의무를 면제받을 수 있습니다.

❓ 질문 : 공휴일을 연차휴가와 대체할 수 있습니까?

공휴일은 일반회사의 경우 소정근로일에 해당합니다. 원칙적으로 법정공휴일(빨간날)에 회사가 근로자에게 유급으로 휴일을 보장해 줄 의무는 없지만, 일반적으로 법정공휴일에 회사가 일괄적으로 쉬는 경우가 많습니다. 근로기준법 제62조는 연차휴가를 근로자대표와 상호 합의에 의하여 특정한 날에 휴무하는 것이 가능하다고 규정하고 있습니다.

근로자대표와 서면 합의하여 특정 근로일에 쉬는 대신, 연차휴가에서 차감하는 연차휴가대체합의제도의 도입할 수 있습니다. 이때 특정 근로일은 정확히 지정해야 합니다. 그러나 이러한 연차휴가와 대체하는 것도 5인 이상~30인 미만인 경우 2022년 1월 1일부터는 사용할 수 없습니다.

상시근로자 수	시행일
300인 이상	2020.1.1
30인 이상~300인 미만	2021.1.1
5인 이상~30인 미만	**2022.1.1**

❓ 질문 : 연차휴가대체합의를 할 때 주의해야 할 점은 무엇입니까?

취업규칙 등에 공휴일(빨간날)이 유급휴일로 명시되어 있다면 연차휴가와 대체할 수 없습니다. 취업규칙에 해당 공휴일을 무급으로 정하고 특정한 날을 지정하여 연차와 대체하는 것으로 취업규칙을 먼저 변경하여야 합니다.

이후 근로자 대표와 서면합의를 통하여 연차휴가대체합의서를 작성하면 됩니다. 이때 너무 많은 일수를 연차휴가와 대체하게 되면 연차휴가제의 입법취지에 반할 뿐만 아니라 근로자의 의사와 상관없이 근로계약 체결이 강요되어 정작 근로자가 필요한 날에 유급휴가를 사용할 수 없게 되므로 10일 미만으로 정하는 것이 합리적입니다.

❓ 질문 : 연차휴가사용촉진조치에 대하여 설명해 주세요

연차휴가사용촉진조치란 사용자는 연차유급휴가 소멸 6개월 전을 기준으로 10일 이내에 근로자에게 사용하지 않은 휴가일수를 알려 주고 근로자는 그 촉구를 받은 때부터 10일 이내에 사용 시기를 정하여 사용자에게 통보하여야 합니다. 만약 근로자가 휴가 사용 시기를 통보하지 않으면 사용자는 연차휴가 소멸기간이 끝나기 2개월 전까지 사용 시기를 정해 근로자에게 통보해야 합니다. 이 같은 조치를 하였음에도 근로자가 휴가를 사용하지 않아 연차가 소멸된 경우에는 사용자는 보상할 의무가 없습니다.

그러나 사용자가 연차유급휴가의 사용촉진 절차를 준수하지 않았다면 미사용 휴가에 대한 보상을 하여야 합니다. 다만, 계속해서 근로한 기간이 1년 미만인 근로자 또는 1년간 80% 미만 출근한 근로자는 대상에서 제외하고 있습니다.

4
임금 관리

사업주는 최저임금, 평균임금, 통상임금, 퇴직금 등 근로자에게 지급되는 임금이 근로기준법에 따라 지급되고 있는지에 대한 점검이 필요합니다.

사업주는 반드시 근로자에게 최저시급 이상을 지급해야 합니다. 최저시급은 근로자가 지급받는 임금총액에서 근무시간을 나누어서 계산하는 것이 아닙니다. 근로자가 지급받는 임금에서 최저임금에 산입되지 않는 임금과 가산수당을 제외한 임금을 근로시간으로 나누어서 계산합니다.

연장 야간 휴일근로가 발생할 때 지급하는 가산수당은 통상임금을 기초로 하고, 유족보상금 퇴직금 등을 지급할 때 산정기초가 되는 임금은 평균임금입니다. 사업장 환경과 근무패턴에 따라서는 포괄임금제를 통한 임금체계를 마련하는 것도 노사분쟁을 줄일 수 있는 좋은 방법입니다.

❓ 질문 : 최저임금에 대하여 알려 주세요

최저임금이란 국가가 임금의 최저수준을 정하고, 사업주가 이 수준 이상의 임금을 근로자에게 지급하도록 강제하는 제도입니다. 직원을 1명이라도 채용하고 있는 사업장은 반드시 지켜야 하는 법입니다. 만약 종업원과 최저임금 이하로 합의에 의한 약정을 했더라도 무효입니다. 위반 시 사업주는 3년 이하의 징역 또는 2,000만 원 이하의 벌금이 부과됩니다.

최저임금은 정규직 직원뿐만 아니라 임시직, 계약직, 일용직, 아르바이트 등 고용 형태에 관계없이 근로를 제공하는 모든 근로자에게 적용하여야 합니다.

✤ 연도별 최저시급 변화

단위: 원

연도	2021년	2020년	2019년
최저시급	8,720	8,590	8,350
최저월급(209시간)	1,822,480	1,795,310	1,745,150
인상분	1.5%	2.9%	10.9%

❓ 질문 : 법 개정으로 최저임금에 산입되는 임금은 무엇입니까?

기존에 최저임금에 포함하지 않았던 상여금과 식비, 숙박비, 교통비 등으로 지급하는 일부 금액이 최저임금을 산정할 때 포함합니다. 매월 1회 이상 정기적으로 지급하는 상여금과 현금으로 지급하는 복리후생비의 경우 해당연도 시간급 최저임금액을 기준으로 산정된 월 환산액의 15%, 3%를 초과하는 부분은 최저임금에 산입합니다. 2021년 최저임금 8,720원을 기준으로 계산하면 **상여금 273,372원, 복리후생비 54,674원**을 초과하는 금액은 최저임금에 산입합니다.

❓ 질문 : 최저임금계산 시 제외되는 임금은 무엇입니까?

- 매월 1회 이상 정기적으로 지급하는 임금 외의 임금으로 결혼수당, 김장수당, 체력단련비 등

- 연차휴가근로수당, 연장근로수당 등

- 근로자의 복리후생을 위한 가족수당, 주택수당, 통근수당 등

질문 : 다음 근로자의 임금대장은 어떻게 변경해야 합니까?

단위: 만 원

항목	기본급	식대	상여금	직책수당	합계
금액	150	10	20	20	200

실제 지급하는 금액은 200만 원으로 2021년 최저임금 183만 원 보다 많지만 위 근로자에게 지급하는 임금은 최저임금법 위반에 해당합니다. 왜냐하면 최저임금계산에서 제외되는 식대, 상여금, 직책수당을 제외하면 150만 원으로 근로시간 209시간으로 나눈 시급은 7,177원이기 때문입니다.

1안

월급을 40만 원 인상하여 기본급을 190만 원이 되게 하면 시급이 9,090원이 되어 최저임금에 위배되지 않습니다.

단위: 만 원

항목	기본급	식대	상여금	직책수당	합계
금액	190	10	20	20	240

2안

최저임금에서 제외되는 상여금과 수당을 기본급에 편입시켜 기본급을 190만 원으로 변경하면 임금을 인상하지 않아도 최저임금에 위배되지 않습니다.

단위: 만 원

항목	기본급	식대	상여금	직책수당	합계
금액	190	10			200

❓질문 : 각종 수당을 포함시켜서 임금을 구성하는 이유 3가지

① 향후 회사 사정에 따라 임금을 삭감할 상황이 발생하면 기본급과 달리 수당은 상황에 따라 줄이거나 없애기 편하기 때문입니다.

② 통상임금을 낮추기 위해서입니다. 통상임금을 낮추게 되면 초과근무에 대하여 지급하는 연장·야간·휴일근로 가산임금이 줄어들게 됩니다. 그러나 최근 대법원 판례로 정기·일률·고정성에 따라 지급하는 임금은 통상임금으로 인정되어 이제는 이렇게 할 이유가 없습니다.

③ 평균임금을 낮추기 위해서입니다. 근로자에게 지급하는 퇴직금은 평균임금에 따라 달라집니다. 과거에는 평균임금을 기본급으로 정하였으나 판례 등을 통하여 근로자가 사용자로부터 받는 모든 금품을 포함하는 것으로 확정되었습니다. 이제는 근로자에게 지급하는 임금구성을 복잡하게 할 이유가 없습니다.

❓질문 : 주휴수당에 대하여 알려 주세요

주휴수당이란 1주 소정의 근무일수를 개근한 근로자에게 하루의 유급휴가를 부여하는 것을 말합니다. 주휴일에 근로를 제공하지 않더라도 지급해야 하는 수당을 말합니다. 주휴수당이 발생하기 위한 조건 3가지는 1주일간 소정근로시간이 15시간 이상이어야 하고, 소정근로일수를 개근하고,

주휴수당이 발생한 주 이후에도 계속 근로를 하여야 합니다.

❓질문 : 퇴사하는 근로자에게도 주휴수당을 지급해야 합니까?

지급하지 않아도 됩니다. 주휴수당은 근로자가 다음 주에도 계속 근로를 제공할 것을 전제로 지급하는 것이므로 퇴사할 경우 마지막 주는 주휴수당을 지급하지 않아도 됩니다. 아울러 주중 입사한 경우와 1개월의 소정근로시간이 60시간 미만 또는 1주의 근로시간이 15시간 미만인 초단시간 근로자에게는 주휴수당을 지급하지 않아도 됩니다.

❓질문 : 일용직 근로자의 경우에도 주휴수당을 지급해야 합니까?

원칙적으로는 지급할 의무가 없습니다. 단, 일용직 근로자가 계속적 근로를 하는 경우, 주휴수당을 임금에 포함한다는 약정이 없다면 일용직 근로자라 하더라도 주휴수당을 지급해야 합니다. 일정기간 사용이 예정된 경우라면 주휴수당을 미리 임금에 포함하여 지급하는 것이 가능합니다. 사용자는 서면으로 근로계약을 통해 일급에 주휴수당을 포함하여 지급했다면 별도의 주휴수당의무는 없습니다.

❓질문 : 아르바이트 직원에게도 주휴수당을 지급해야 합니까?

주휴수당지급은 근로 형태에 관계없습니다. 1주일간 소정근로시간이 15시간 이상인 경우에는 아르바이트 직원에게도 주휴수당을 지급해야 합니다.

�֎ 최저임금으로 1주 20시간을 근무하는 아르바이트 직원에게 주휴수당을 포함하여 지급해야 할 시급은 다음의 순서로 계산하면 **10,466원입니다.**

1단계: 주휴수당을 계산합니다.

20시간/40시간 × 8시간 × 8,720원 = 34,880원

2단계: 주급을 계산합니다.

[8,720원 × 20시간] + 34,880원 = 209,320원

3단계: 지급해야 할 시급을 계산합니다.

209,320원/20시간 = 10,466원

❓ 질문 : 주중 결근한 근로자도 주휴수당을 지급해야 합니까?

주휴수당은 1일 소정근로일수를 개근한 근로자에게 부여하는 것입니다. 그러므로 지급하지 않아도 됩니다.

✳ 월 급여가 209만 원인 근로자(소정 근로시간 주 40시간)가 1일을 무단결근하는 경우에 지급해야 할 임금은 다음의 순서로 계산하면 **193만 원입니다.**

1단계: 시급을 계산합니다.

209만 원/209시간 = 1만 원

2단계: 일급을 계산합니다.

1만 원 × 8시간 = 8만 원

3단계: 주휴수당을 계산합니다.

40시간/40시간 × 8시간 = 8만 원

4단계: 차감해야 할 임금을 계산합니다.

    8만 원(일급)+8만 원(주휴수당)=16만 원

5단계: 지급해야 할 임금을 계산합니다.

    209만 원(약정 급여)−16만 원(차감 임금)=193만 원

질문 : 비과세 급여는 어떤 종류가 있습니까?

비과세 항목의 급여책정은 근로자들의 사기 진작에 도움을 줄 수 있을 뿐만 아니라, 4대 보험료 절감이 가능하기에 사업주와 종업원 모두에게 좋은 제도입니다. 조건을 충족한 식대, 차량유지비, 6세 이하의 보육수당, 생산직근로자의 시간외 수당은 비과세 처리를 할 수 있습니다.

① **식대 비과세**

원칙적으로 근로자에게 사내급식 또는 이와 유사한 방법으로 식사를 제공하는 경우 해당 음식물은 비과세 대상입니다. 그러한 음식물을 제공받지 않는 근로자는 월 10만 원까지 비과세입니다. 만약 급식도 제공받고 식대도 별도로 지급받는다면 식대명목으로 지급하는 금액은 비과세 처리가 불가합니다. 이 경우 근로계약서나 관련 규정에 식대의 지급 근거가 마련되어 있어야 합니다. 아무런 근거 없이 월 10만 원을 지급한다면 비과세 처리가 되지 않습니다.

② **차량유지비 비과세**

직원이 본인 소유 차량을 직접 운전하여 회사의 업무 수행에 이용하고

시내 출장 등에 소요된 실제 여비를 받는 대신 그 소요경비를 회사 내규에 따라 정해진 지급기준에 따라 받는 금액 중 월 20만 원 이내의 금액은 실비 변상적 성질의 급여로 비과세됩니다. 만약 회사로부터 유류대를 지급받았다면 월 20만 원은 비과세로 인정하지 못합니다.

③ 6세 이하의 자녀에 대한 비과세

6세 이하의 자녀를 두고 있는 근로자에게 지급하는 월 10만 원 이내의 보육수당은 비과세됩니다. 이 경우 회사는 보육수당에 관한 규정을 두고 있어야 합니다. 맞벌이 부부의 경우 한 자녀에 대하여 각각 월 10만 원씩 보육수당으로 비과세 처리할 수 있습니다.

④ 생산직 근로자의 연장수당에 대한 비과세

생산직 근로자의 월정액 급여가 210만 원 이하이고, 직전년도 총 급여가 3,000만 원 이하인 경우 연간 240만 원 이하의 연장 야간 휴일 수당은 비과세 됩니다. 월정액 급여 기준인 210만 원은 통상임금에 더해 받는 연장 야간 휴일 수당은 제외한 금액으로 합니다. 그러나 식비 또는 연간 상여금 총액을 매월 급여 지급 시 분할하여 지급받는 임금은 월정액에 해당 됩니다. 다만, 상여금 지급 규정에 의하여 2개월에 한 번씩 지급받는 상여금은 해당되지 않습니다.

> **질문 : 법정근로시간을 근무하는 근로자의 월 급여는 얼마를 지급해야 합니까?**

다음의 순서로 계산하면 **1,822,480**원 이상을 지급해야 합니다.

1단계: 1주 임금을 지급해야 할 시간을 계산합니다.

40시간(법정근로시간)+8시간(주휴시간)=48시간

2단계: 1월 임금을 지급해야 할 시간을 계산합니다.

48시간(1주 근로시간)×4.345주(1개월 평균)=209시간

3단계: 월 임금을 계산합니다.

209시간×8,720원=1,822,480원

❓질문 : 시급 8,720원 일용직 근로자의 일급은 얼마를 지급해야 합니까? (근무조건: 출·퇴근시간 8시~24시, 휴게시간 12시~13시, 18시~20시)

다음의 순서로 계산하면 **156,960**원 이상을 지급해야 합니다.

1단계: 기본 근무시간을 계산합니다.

16시간(출퇴근시간 계산)−2시간(휴게시간)=14시간

2단계: 연장근로에 따라 가산해야 할 시간을 계산합니다.

[14시간−8시]×50%(할증)=3시간

3단계: 야간근로에 따라 가산해야 할 시간을 계산합니다.

2시간(22시 이후 근무한 시간)×50%(할증)=1시간

4단계: 임금을 지급해야 할 시간을 계산합니다.

14시간+3시간+1시간=18시간

5단계: 지급해야 할 일급을 계산합니다.

18시간 × 8,720원 = 156,960원

❓질문 : 주 6일 근무하는 근로자의 월 급여는 얼마를 지급해야 합니까? (근무조건: 출·퇴근시간 9시~18시, 휴게시간 12시~13시 시급: 8,720원)

다음의 순서로 계산하면 **2,275,920원** 이상을 지급해야 합니다.

1단계: 1주 근무시간을 계산합니다.

8시간(일 근무시간) × 6일 = 48시간

2단계: 1주 연장가산시산을 계산합니다.

8시간(48시간−40시간) × 50%(할증) = 4시간

3단계: 주휴시간을 계산합니다.

40시간/40시간 × 8시간 = 8시간

4단계: 1주 임금을 지급해야 할 시간을 계산합니다.

48시간 + 4시간 + 8시간 = 60시간

5단계: 1월 임금을 지급해야 할 시간을 계산합니다.

60시간 × 4.345주 = 260.7시간

6단계: 월 임금을 계산합니다.

261시간 × 8,720원 = 2,275,920원

질문 : 통상임금에 대하여 설명해 주세요

통상임금이란 근로자에게 정기적·일률적·고정적으로 소정근로 또는 총 근로에 대해 지급하기로 정한 시간급 금액, 일급 금액, 주급 금액, 월급 금액 또는 도급 금액을 말합니다. 대법원에서는 통상임금을 근로계약에 의하여 소정근로의 대가로 근로자에게 지급되는 정기적·일률적·고정적으로 지급되는 금액으로 객관적 성질에 따라 판단해야 한다고 하였습니다. 정기적이란 근로계약에서 정한 근로의 대가로 지급될 어떤 항목의 임금이 일정한 주기에 따라 지급되는 것을 말합니다. 일률적이란 모든 근로자나 일정한 기준에 해당하는 근로자에게 무조건 지급되는 것을 말합니다. 고정적이란 그 지급여부가 업적이나 성과에 관계없이 사전에 확정되어 있는 것을 말합니다.

질문 : 통상임금에 포함되는 임금과 포함되지 않는 임금을 구분하여 주세요

정기적·일률적·고정적 요건을 갖춘 기술수당, 근속수당, 가족수당, 성과급, 상여금 등은 모두 통상임금에 포함됩니다. 다만, 부양가족 수에 따라 달리 지급되는 가족수당과 근무실적을 평가하여 지급여부나 지급액이 결정되는 상여금과 사용자의 재량에 따라 일시적 부정기적으로 지급하는 상여금은 통상임금이 아닙니다.

질문 : 식대와 차량유지비도 통상임금에 포함됩니까?

일정액의 식대를 전 근로자에게 일률적으로 지급하는 경우에는 고용노동부 행정해석과 대법원 판례에서 통상임금으로 인정하고 있습니다. 차량유지비의 경우에는 자기 소유의 차량을 업무수행에 제공함으로써 소요되는 경비를 변상하기 위하여 지급되는 실비변상적 금액은 통상임금에서 제외됩니다. 그러나 전 직원을 대상으로 또는 일정한 직급을 기준으로 일률적으로 지급되었다면 통상임금에 포함됩니다.

질문 : 통상임금을 기준으로 지급하는 수당은 어떻게 됩니까?

통상임금은 해고예고수당, 연장 야간 휴일 근로수당, 연차수당, 주휴수당, 생리수당, 고용보험법상 지원금 등의 산출에 사용되는 임금 단위입니다.

❖ 월 급여 209만 원과 정기상여금 600%를 지급받는 근로자가 퇴사할 경우 연차휴가 10일을 사용하지 않았다면 사업주는 다음의 순서로 계산한 미 사용연차수당 **120만 원을** 지급해야 합니다.

1단계: 통상임금을 계산합니다.

[209만 원×12개월]+[209만 원×600%]=3,762만 원

2단계: 통상시급을 계산합니다.

3,762만 원/12개월/209시간=15,000원

3단계: 일급을 계산합니다.

15,000원×8시간=12만 원

4단계: 미 사용연차 수당을 계산합니다.

12만 원×10일=120만 원

❓ 질문 : 평균임금에 대하여 설명해 주세요

평균임금이란 이를 산정하여야 할 사유가 발생한 날 이전 3개월 동안에 그 근로자에게 지급된 임금의 총액을 그 기간의 총일수로 나눈 금액을 말합니다. 3개월 동안이란 90일 또는 실제로 근로한 일수를 말하는 것이 아니고 기산일로부터 소급하여 달력상 3개월간에 포함된 일수를 말합니다. 근로자의 귀책사유로 인한 직위해제 또는 개인적인 범죄행위로 구속 기소되어 대기발령 또는 감봉된 기간도 총일수에 포함합니다.

평균임금은 퇴직급여, 산업재해보상보험급여, 구직급여, 휴업수당, 감액금 등을 산정하는 기초가 됩니다.

❓ 질문 : 평균임금에 포함되는 임금과 포함되지 않는 임금?

통상임금보다 넓은 범위로, 사용자로부터 받은 모든 금품을 포함합니다. 통상임금에 산입되지 않았던 연차수당, 연장 야간수당, 직책수당, 통근수당, 식대 등 모두 포함합니다. 단, 결혼축하금, 조의금, 재해위문금, 휴업보상금과 같이 실비변상적인 금품은 제외합니다.

근로자가 일정한 기간 동안 제공한 근로에 대하여 실제로 지급받았거나 지급받을 것이 확정된 임금을 말합니다. 이렇게 계산된 평균임금은 통상임금보다 높은 금액입니다. 그러나 특별한 사유(결근, 직위해제) 등으로 평균임금이 통상임금보다 낮게 나오는 경우에는 통상임금을 평균임금으로 하여 퇴직급여, 산업재해보상보험급여, 구직급여, 휴업수당을 지급해야 합니다.

❓ 질문 : 포괄임금제에 대하여 설명해 주세요

포괄임금제란 근로계약 체결 시 근로 형태 혹은 업무 특성상 법정 근로시간을 초과한 연장·야간·휴일 근로시간이 발생함에도 그 시간을 정확히 산정하기 어려운 경우에 **제 수당을 기본임금에 포함시켜 임금계약을** 하는 것을 말합니다.

❓ 질문 : 포괄임금제의 법적 근거는 어떻게 되나요?

근로기준법에서 명시하고 있지 않지만 **판례를 통해 정립된 개념**입니다. 대법원은 근로계약을 체결할 때 근로자의 기본임금을 결정하고 이를 기초로 제 수당을 가산하여 지급함이 원칙이나 근로시간, 근로 형태와 업무의 성질 등을 참작하여 계산의 편의와 직원의 근무의욕을 고취하는 뜻에서 기본임금을 미리 산정하지 아니한 채 제 수당을 합한 금액을 월급여액이나 일당임금으로 정하거나 매월 일정액을 제 수당으로 지급하는 내용의 포괄임금제에 의한 임금지급계약을 인정하고 있습니다(대법 2004 다 66995, 2006.4.28.).

❓ 질문 : 포괄임금제의 유용성에 대하여 알려 주세요

포괄임금계약을 하는 사업주는 다음과 같은 3가지 장점이 있습니다. ① 열심히 일하여 야근을 하지 않는 직원보다 불성실하게 일한 후 고의적으로 야근을 일삼는 직원들이 추가적인 수당을 받아가는 것을 예방할 수 있습니다. ② 회사 사정으로 부득이 연장근로 등이 발생하더라도 추가로 연장수당을 계산하여 지급하지 않아도 됩니다. ③ 경리직원을 별도로 둘 수 없어서 매월 달라지는 근로시간에 따라 수당계산을 하는 것이 불가능한 경우 포괄임금계약은 아주 유용합니다.

❓질문 : 포괄임금제 근로계약은 어떻게 해야 합니까?

소정근로시간에 연장·야간·휴일 근로시간을 할증한 시간과 더하여 임금을 지급해야 할 시간을 산정합니다. 산정된 시간을 월 임금으로 나누어서 시급을 계산하고 최저시급에 미달하는지 확인한 후 계산된 시급에 따라 임금을 기본급, 주휴수당, 연장근로, 야간근로 등으로 세분화합니다. 구성된 근로계약서 혹은 연봉계약서를 근로자에게 주지시키고 근로자의 확인을 득해야 하며 서명 후 보관해야 합니다.

❋ 주 소정근로시간이 40시간인 근로자에게 다음과 같이 274만 원의 급여를 지급합니다. 예상되는 1주 연장근로시간이 10시간인 경우 포괄임금계약은 어떻게 해야 합니까?

김 xx   201x년 xx월

항목	기본급			합계
금액	2,720,000원			2,720,000원

다음과 같은 순서로 포괄임금계약을 합니다.

1단계: 1주 예상되는 연장근로시간을 할증하여 시간을 계산합니다.

  10시간+[10시간×50%(할증)]=15시간

2단계: 1주 소정 근로시간과 주휴시간을 연장근로로 발생한 할증시간과 더하여 주 근로시간을 계산합니다.

  [40시간+8시간+15시간(연장할증시간)]=63시간

3단계: 1주 근로시간을 월 근로시간으로 계산합니다.

63시간 × 4.345주 = 273.74시간

4단계: 시급을 구하여 최저시급 미만인지 확인합니다.

274만 원 ÷ 274시간 = 1만 원

5단계: 기본급을 주휴수당과 연장수당으로 구분하여 구성합니다.

김 xx   201x년 xx월

항목	기본급	주휴수당	연장수당	합계
금액	1,740,000원	350,000원	630,000원	2,720,000원

6단계: 근로자에게 주지시키고 이와 같은 내용으로 근로계약서 혹은 연봉계약서를 작성하여 서명 후 보관합니다.

❓ 질문 : 퇴직금제도에 대하여 설명해 주세요

퇴직금제도란 사용자가 계속근로기간 1년에 대해 30일분 이상의 평균임금을 퇴직하는 근로자에게 지급하는 것을 말합니다. 동거의 친족만을 사용하는 사업 및 가사 사용인을 제외한 근로자를 사용하는 모든 사업장에 적용합니다.

❓ 질문 : 일용 근로자에게도 퇴직금을 지급해야 합니까?

실질적 근로관계가 존재하면 근로 형태에 상관없이 지급해야 합니다. 비록 형식적으로 일용 근로계약을 체결하였으나 계속 반복하여 고용해온 일용직 근로자 또는 단기간 근로계약을 계속 반복적으로 갱신 또는 연장하여 근무하는 경우라도 전체 근무연수가 1년 이상이면 퇴직금을 지급해야 합니다.

다만, **4주간을 평균해서 1주간의 소정근로시간이 15시간 미만인 근로자**의 경우에는 퇴직금을 지급하지 않아도 됩니다.

❓ 질문 : 퇴직금은 언제까지 지급해야 합니까?

1년 이상 근로한 근로자가 사망 또는 사직, 해고 등으로 퇴직한 경우에는 퇴직사유 발생일로부터 14일 이내에 퇴직금을 지급해야 합니다. 만약 사용자가 근로자의 퇴직의 의사표시에 대하여 수리하지 않는 경우에는 퇴직의 의사표시를 통보받은 날로부터 1개월이 경과될 때까지는 퇴직 효력이 발생하지 않습니다. 그러나 근로자에게 지급하는 임금을 일정한 기간급으로 정하여 정기 지급하고 있으면 사용자가 근로자의 퇴직 의사를 통보받은 후 1지급기를 경과해야 퇴직의 효력이 발생합니다.

❓ 질문 : 근로자가 퇴직금 중간정산을 요구할 때 어떻게 해야 합니까?

퇴직금 중간정산제도란 실제 퇴직하지 않았지만 근로자의 요구를 회사가 승인하여 이미 근무한 기간에 대하여 퇴직금을 지급하는 것을 말합니다. 근로자퇴직급여 보장법에 의해서 **2012년 7월 26일 이후로 퇴직금 중간정산이 금지**되었습니다. 중간정산 요건을 갖추지 않은 근로자에게 퇴직금을 지급한 경우 유효한 중간정산으로 보지 않습니다. 만약 근로자가 사용자에게 향후 퇴직금을 요구하지 않는다는 합의에 의해 퇴직금을 받았음에도, 퇴직 시 노동청에 퇴직금 미지급으로 진정서를 제출하면 사업주는 근속년수에 해당하는 퇴직금을 추가로 지급해야 합니다.

질문 : 근로자 퇴직급여 보장법에 의한 퇴직금 중간정산 사유는?

- 무주택자가 본인 명의로 주택을 구입, 주거를 목적으로 전세금을 부담하는 경우
- 6개월 이상 요양을 필요로 하는 근로자 및 부양가족이 질병이나 부상한 경우
- 천재지변 등으로 피해를 입은 경우
- 근로자가 파산선고, 개인회생절차 결정을 받은 경우
- 단체협약 및 취업규칙 등을 통하여 임금피크제를 실시하는 경우
- 근로시간 단축으로 퇴직금이 감소한 경우(2018년 7월부터 시행) 등

질문 : 근로계약기간을 1년으로 하여 매년 퇴직금을 포함한 연봉으로 임금을 지급해도 됩니까?

퇴직금을 매년 중간 정산한 것과 동일한 효과가 있으므로 법으로 금지하고 있습니다. 만약, 불가피하게 사업주와 근로자 상호간의 합의에 의하여 지급해야만 하는 상황이라면 사업주는 '**퇴직금 지급 확약서**'를 받아 두어야 합니다.

향후 노사문제로 인한 법적 분쟁이 발생하면 그동안 퇴직금 명목으로 지급받은 금액을 부당이득으로 하여 반환 청구소송을 진행할 때 필요한 증거로 활용할 수 있습니다.

질문 : 퇴직연금제도에 대하여 알려 주세요

퇴직연금제도란 기업이 근로자가 재직하는 동안 퇴직금을 외부 금융기관에 적립하여 근로자가 퇴직할 때 연금 또는 일시금으로 지급하는 제도를 말합니다. 기존 퇴직금제도가 직장의 이동이 잦고, 중간정산으로 노후소득보장 기능이 크게 약화되자 '근로자퇴직급여보장법'을 통하여 퇴직연금제도를 실시하게 되었습니다.

2012년 7월 이후 설립하는 사업장은 사업설립 1년 이내에 퇴직연금제도를 설정해야 합니다. 퇴직연금제도의 종류는 확정급여형(DB형)제도와 확정기여형(DC형)제도 및 개인퇴직계좌(IRP)로 구분할 수 있습니다.

질문 : 확정급여형 퇴직연금제도에 대하여 알려 주세요

확정급여형 퇴직연금제도란 근로자가 받을 급여가 미리 확정되어 있는 제도입니다. 받을 급여는 퇴직 전 평균임금에 근속년수를 곱하여 계산합니다. 임금상승률이 높고 근속연수가 긴 근로자에게 유리합니다.

사용자가 향후 퇴직급여 예상액의 80% 이상을 적립하고 운영성과에 상관없이 근로자에게는 사전에 확정된 퇴직금을 금융회사가 연금 또는 일시금으로 지급하는 제도입니다. 사용자는 임금인상률, 퇴직률, 기금운용수익률 등 연금액 산정기초가 변하는 경우 그에 따른 위험부담과 연금수급자에 대한 최종지급에 대한 책임을 지게 됩니다. 경영이 안정적이고 영속적인 기업, 퇴직연금 관리능력이 있는 대기업에 적합합니다.

❓ 질문 : 확정기여형 퇴직연금제도에 대하여 알려 주세요

확정기여형 퇴직연금제도란 사용자가 근로계약서에 명시된 개인별 세전 연봉의 12분의 1 이상을 은행 등의 퇴직연금사업자에게 직접 부담금으로 납입하는 형식의 제도입니다. 적립금은 근로자 개인 통장으로 입금되기 때문에 기업이 도산하더라도 수급권이 보장됩니다. 적립된 기금은 근로자가 직접 운용하므로 추가수익을 낼 수도 있으며, 운용결과에 따라 퇴직 시 받을 퇴직금이 변동될 수도 있습니다.

❓ 질문 : 개인형 퇴직연금제도에 대하여 알려 주세요

개인형 퇴직연금제도는 개인형과 기업형으로 나눌 수 있습니다. 개인형 IRP는 근로자가 이직 또는 퇴직할 때 받은 퇴직일시금을 부담금으로 하여 운영하는 것과 일정금액을 근로자 선택에 의하여 적립하는 방법이 있습니다. 연간 1,800만 원 한도에서 추가로 납입이 가능합니다. 연간 700만 원까지 공제를 받을 수 있습니다.

기업형 IRP는 상시근로자 10인 미만의 사업장 특례제도로서, 개별 근로자의 동의를 받아 운용할 수 있습니다. DC형과 같이 임금총액의 12분의 1 이상에 해당하는 부담금을 현금으로 매년 1회 이상 정기적으로 납입하는 제도입니다.

❓ 질문 : 확정급여형(DB)과 확정기여형(DC)의 비교?

만약 1년차 급여가 월 200만 원, 2년차 급여가 월 250만 원, 3년차 급여가 월 300만 원을 수령하는 근로자가 3년이 지나서 퇴사하게 되면 확정급여형퇴직연금제도를 운영하는 회사는 900만 원을 지급해야 하고, 확정기여형퇴직연금제도를 운영하는 회사는 750만 원만 지급하면 됩니다. 왜냐하면 확정기여형 퇴직연금제도는 퇴직금을 중간 정산하는 형태로서 급여 상승분을 반영하지 않기 때문입니다.

5 근로계약서

근로계약이란 근로자가 사용자에게 근로를 제공하고 사용자는 임금을 지급함을 목적으로 체결된 계약을 말합니다. 근로의 형태가 단시간근로자, 기간제근로자, 일용직근로자를 불문하고 무조건 작성해야 하는 가장 기본적인 서류입니다. 임금에 관련된 내용을 반드시 기재해야 하지만, 매년 근로자의 임금이 변경되는 경우가 많으므로 근로계약서와 별도로 임금 관련 내용은 연봉계약서에 구체적으로 기재하는 것이 편리합니다.

❓ 질문 : 근로계약서에 반드시 기재해야 하는 내용에 대하여 알려 주세요

사용자는 근로계약을 체결할 때 반드시 **임금, 소정근로시간, 휴일, 연차휴가, 취업의 장소와 종사 업무**는 서면으로 명시하여야 합니다. 특히 임금은 **임금의 구성 항목, 계산 방법 및 지불 방법**에 대하여 자세하게 작성되어야 합니다.

❓ 질문 : 아르바이트 직원도 근로계약서를 작성해야 합니까?

임금을 목적으로 종속적인 관계에서 사업주에게 근로를 제공하는 정규직, 기간제, 단시간, 일용직, 아르바이트 등 모든 근로자는 근로계약서를 작성해야 합니다. 근로계약서 작성은 근로자는 근로조건을 보호받기 위해서, 사업주는 향후 노사분쟁에 대비하기 위해서 쌍방 간 중요한 계약서입니다. 잠깐 고용할 근로자 혹은 파트타임근로자라도 출근하는 첫날 근로계약서를 작성하여야 합니다.

⑦ 질문 : 근로계약서를 작성하지 않으면 사용자에게 어떤 불이익이 있나요?

근로계약서를 미작성하면 3가지의 불이익이 있습니다.

① 벌금과 과태료가 부과됩니다. 정규직 근로자의 경우에는 시정기회를 먼저 주고 시정이 되지 않으면 500만 원 이하의 벌금이 부과됩니다. 하지만 기간제근로자와 단시간 근로자의 경우에는 시정명령 없이 적발된 즉시 500만 원 이하의 과태료가 부과됩니다.

② 근로조건이 명확하지 않아 노사분쟁이 발생하면 사용자에게 불이익이 발생합니다. 분쟁에 대한 입증책임은 사용자에게 있기 때문입니다. 예를 들어 근로자가 법정근로시간을 초과하여 근무한 부분에 대하여 추가 수당을 받지 못했다고 주장할 때 근로계약서에 임금의 구성요건과 계산 방법이 기재되어 있으면 다툼을 해결하는 결정적인 증빙이 될 수 있습니다.

③ 근로계약서는 근로감독관이 사업장을 방문하게 되면 제일 먼저 확인하는 서류입니다. 이때 근로계약서가 없다면 더욱 심도 있는 근로감독을 받을 것입니다.

⑦ 질문 : 계약직 근로자와 계약기간은 어떻게 정해야 합니까?

기간의 정함이 있는 근로자를 계약직 근로자라고 합니다. 근로계약기간을 근로자와 사용자가 2년을 초과하지 않는 범위 내에서 기간을 정하여 약정하는 근로계약을 말합니다. 근로계약을 정하는 것은 노사 재량사항이므로 얼마든지 기간을 정하여 계약을 할 수 있습니다. 그러나 계약기간을 수차례 갱신하여 2년을 초과하게 되면 기간의 정함이 없는 근로계약으로 해당 근로자는 정규직 근로자로 간주합니다.

❓질문 : 2년을 초과하여 계약한 계약직 근로자는 정규직 근로자로 간주하나요?

다음과 같은 경우에는 계약기간을 수차례 갱신하여 2년을 초과하더라도 정규직 전환이 되지 않습니다.

- 상시근로자 수가 5인 미만 사업장에 근무하는 근로자

- 만 55세 이상의 근로자

- 박사학위, 변호사, 세무사, 회계사, 노무사 등 전문자격 소지자

❓질문 : 근로계약서에 추가적으로 기재되어야 할 내용은 무엇입니까?

① **수습기간을** 명시해야 합니다. 수습기간 동안은 수습사원이 업무에 부적응할 경우 해고가 자유롭기 때문입니다. 아울러 3개월 이내의 수습기간에 대하여는 임금을 감액(통상 70~80%)해서 지급해도 됩니다. 다만, 그 금액이 최저임금의 90% 이상이어야 합니다.

② **퇴직절차를** 명시해야 합니다. 근로자는 직업선택의 자유를 통해 언제든지 회사를 퇴직하고 다른 회사를 선택할 수 있습니다. 사용자는 이러한 퇴직을 제한할 수 없지만 근로계약과 근로조건에 퇴직의 절차

를 명시하고 이를 준수하도록 규정할 수 있습니다. 이를 지키지 않고 퇴직하는 직원에 대해서는 계약위반에 대한 책임과 무단결근에 따른 징계해고도 가능하기 때문입니다.

③ **계약해지 사유를** 명시합니다. 단시간 근로자의 경우 무단결근을 해지의 사유로 하고, 계약직 근로자의 경우에는 계약의 만료, 근무성적 불량 등의 사유가 발생하면 해지를 할 수 있도록 근로계약서에 기재하면 근로자의 귀책사유로 인한 해지 시 유연하게 처리할 수 있습니다. 아울러 취업규칙에 채용서류 허위기재, 무단결근, 회사 지시 불응 등의 사유를 기재합니다.

질문 : 수습사원과의 근로계약 어떤 차이가 있습니까?

① 최저임금의 10%를 감액하여 지급해도 됩니다. 다만, 근로계약기간이 1년 이상으로 하고, 3개월까지만 감액이 가능합니다. 그러나 단순노무자의 경우에는 감액할 수 없습니다.

② 해고가 자유롭습니다. 수습기간 중에 업무능력 저하, 직원들의 불화, 불성실 등 사회통념상 정식으로 배치하는 것이 불가능한 경우에는 해고의 정당한 사유가 될 수 있습니다. 그러기 위해서는 취업규칙 등에 적격성 평가를 객관적이고 공정하게 유지할 기준이 마련이 되어야 합니다.

질문 : 근로계약서에 기재해도 효력이 발생하지 않는 규정은?

① 근로자가 근로계약을 불이행하는 경우 사용자에게 일정액의 위약금을 지급하기로 미리 약정한 규정입니다.

② 근로자가 근로계약을 불이행하는 경우 손해발생 여부나 실 손해와 관계없이 사용자에게 일정액의 손해배상액을 지급하기로 미리 약정한 규정입니다. 그러나 근로자의 불법행위, 사용자가 제3자에게 부담한 실 손해에 대한 구상권 행사를 금지하는 것은 아닙니다.

③ 사용자가 전차금 기타 근로할 것을 조건으로 하는 전대채권과 임금을 상계하는 것에 대한 규정입니다. 그러나 근로자의 자유의사에 의한 상계는 허용합니다.

④ 근로자의 임금 중 일부를 근로자의 의사에 반하여 저축하도록 강요하는 규정입니다. 사용자 스스로 근로자의 저축금을 관리하거나 은행 기타 금융기관에 예금시키고 그 통장과 인감을 사용자가 보관하는 행위를 금지합니다.

질문 : 근로계약에 대하여 근로자가 지켜야 하는 의무는 무엇입니까?

① 겸업피지 의무입니다. 근로자가 사용자와 근로계약을 체결함으로 충실한 근로를 제공할 의무가 있음에도, 근로자가 투잡(two job)으로 인해 근로제공 의무가 이루어지지 않는 경우 의무 위반으로 해고 사유가 될 수 있습니다.

② 진실고지 의무입니다. 근로자가 회사에 제출한 학력, 경력, 기타 사항에 허위 또는 위조한 경우 일정한 기간이 지났다고 하더라도 통상해고 사유가 될 수 있습니다.

③ 비밀 준수 의무입니다. 비밀로 유지되어야 하는 정보에 접근하는 자에게 비밀유지서약서를 체결하고 이를 위반한 근로자에게 민형사상 책임과 통상해고를 할 수 있습니다.

❓ 질문 : 연봉계약서를 꼭 작성해야 합니까?

근로계약에서 가장 중요한 요소는 임금에 대한 사항입니다. 임금에 관련된 내용은 근로계약서에 명기하는 것이 원칙입니다. 그러나 근로자의 임금은 물가상승율과 최저임금 인상 등의 이유로 매년 변동이 발생합니다. 이때 매번 새로운 근로계약서를 작성하는 것보다는 연봉계약서를 추가로 작성하는 것이 편리합니다.

연봉계약서에는 연봉계약기간과 임금의 구성 항목을 구체적으로 기재하여야 합니다. 포괄임금제를 적용하는 경우에는 근로자에게 임금 구성에 대한 내용을 주지시킨 후 반드시 서명을 통한 확인을 받아야 합니다.

❓ 질문 : 사원이 입사하면 연봉계약서만 작성하면 되나요?

연봉계약서는 1년간 임금의 구성을 어떻게 하며, 얼마를 지급할지에 대한 약정서입니다. 근로계약서에 기재할 임금의 내용을 분리하여 추가적으로 작성하는 계약서입니다. 신입사원이 입사할 때 근로계약서를 작성하지 않고 연봉계약서만 작성해서는 안 됩니다. 1년 연봉계약서를 작성하는 것은 임금에 대한 약정이지 근로계약기간을 설정한 것이 아닙니다.

일부 사용자들은 1년 연봉계약서 작성이 1년을 계약기간으로 설정한 계약직 근로자와의 근로계약으로 오인하기도 합니다. 계약직 근로자를 채용할 때에는 계약기간을 명시한 근로계약서를 작성하여야 합니다.

❓질문 : 근로계약서 작성을 도와 주세요

① 근로계약기간을 정확히 명기해야 합니다

계약직일 경우와 정규직일 경우 근로계약기간은 달리 작성해야 합니다. 계약직은 시기와 종기를 명기해야 하지만 정규직일 경우에는 시기만 명기하면 됩니다. 만약 계약직 근로자와 근로계약서를 작성할 때 종기를 적지 않을 경우에는 정규직 근로자로 간주됨을 유의하여야 합니다.

20xx년 xx월 xx일부터	☐ 기한의 정함이 없는 근로계약으로 한다. ☐ 20xx 년 월 일로 한다.(만료일)

② 수습기간에 대한 내용을 작성합니다

채용 후 일정기간을 두고 근로자의 적성, 자질, 능력 등을 평가하여 계속 고용여부를 결정하는 제도가 바로 수습제도입니다. 수습기간은 통상 3개월로 하는 것이 가장 적당합니다.

수습기간	3개월	수습기간 급여	정상급여의 90%

① 수습기간 종료 14일 이전에 정규직 채용 또는 미채용에 대한 공지를 해야 하며, 별도의 공지를 하지 않은 경우, 자동으로 정규직으로 전환된다.
② 수습기간 중 근무태도, 업무능력, 건강상태, 복무규율 준수 등을 종합적으로 판단하여 업무수행 부적격, 고객과 분쟁 및 민원발생 등이 있는 경우 사용자는 언제든지 직권으로 본채용을 거부할 수 있다.

③ 소정근로시간과 휴게시간을 작성합니다

법정근로시간은 주 40시간입니다. 40시간 이내에서 소정근로시간을 정할 수 있습니다. 근무시간이 4시간을 초과할 경우 30분의 휴게시간, 8시간을 초과할 경우 1시간의 휴게시간을 주어야 합니다.

평일(월~금)		09:00~18:00	휴게시간	1차	12:00~13:00
근무일수	5			2차	~

④ 휴일에 대한 내용을 작성합니다

주휴일은 보통 일요일로 정하지만 사업장 현황에 따라 달리 정할 수 있으며, 소정근로일에 근로하지 않은 경우 무급으로 처리할 수 있다고 기재합니다. 연차휴가에 대한 규정은 취업규칙에 상세히 정하고, 근로계약서에는 '취업규칙에 따른다'라고 해도 무방합니다.

휴일	① 주휴일은 매주 일요일로 하고, 근로자의 날(5월 1일)은 유급휴일로 한다. ② 제1항에도 불구하고 1주 동안 소정근로일을 근로하지 아니한 경우에는 주휴일을 무급으로 한다. ③ 제1항에서 정한 휴일이 중복될 경우에는 하나의 휴일로 취급한다. ④ 제1항의 주휴일과 회사에서 지정한 휴일, 휴가는 업무상 필요에 의해 사전 동의로 다른 근로일로 조정, 대체할 수 있다.
연차	연차휴가에 관한 내용은 근로기준법에서 정하는 연차휴가에 관한 규정을 준용한다.

⑤ 임금에 대한 내용을 작성합니다

근로계약서에서 가장 중요한 부분에 해당하는 내용이 임금에 대한 내용입니다. 임금의 구성 항목, 계산 방법, 지급 방법 등에 관한 세무내용은 별도 임금계약서를 통해서 관리하는 것이 편리합니다. 왜냐하면 매년 작성되는 연봉계약서의 임금을 포괄임금제를 도입하여 근로자의 동의를 받아두면 향후 임금과 관련된 노사분쟁이 발생할 때 방어 전략으로 활용 가능하기 때문입니다.

임금	임금의 구성 항목, 계산 방법, 지급 방법 등에 관한 세부 내용은 **별도 임금계약서**에서 정하는 바에 따른다.

⑥ 퇴직금과 퇴직절차에 대한 내용을 작성합니다

퇴직절차에 대한 내용을 명기함으로 근로자가 임의 사직하는 경우 근로자의 책임소재를 명확히 할 수 있습니다.

퇴직금	① 1년 이상 근속한 경우에 지급하며, 근로기준법 및 근로자퇴직급여보장법에 관한 규정을 준용한다. ② 사용자는 법정퇴직금 이상의 퇴직금을 지급하며, 퇴직연금제도를 설정하여 이를 대체할 수 있다.
퇴직절차	① 근로자는 사직일로부터 30일 전에 사직서를 제출하고 업무인수인계 후 퇴직하여야 한다.(위반 시 손해배상 청구) ② 근로자는 사직서 제출과 함께 사용자 소유의 제반 비품을 반납하여야 한다.

⑦ 해지조건에 대한 내용을 명기합니다

근로기준법에서 규정한 즉시해고 조건을 명기함으로써 차후 분쟁에 대비합니다.

근로 계약의 해지 사유	다음 사항에 해당되면 본 계약을 해지할 수 있다. ① 근로계약기간이 종료되었을 경우 ② 사용자 또는 회사의 재산을 절취 또는 사전 허가 없이 사외로 반출한 경우 ③ 인사구비서류에 허위사실(경력, 학력, 신원 등)을 기재하였을 경우 ④ 업무태도나 근무성적이 극히 불량하고 개선의 여지가 없다고 판단되는 자 ⑤ 회사의 허락 없이 불법 집단행동을 주도하거나 가담한 경우 ⑥ 부서가 폐지 · 축소되거나 당해 업무의 소멸 또는 작업량 감소 등 경영상의 사유로 감원이 불가피한 경우 ⑦ 기타 (이 계약을 지속하기 어려운 사유가 발생한 경우)

⑧ 교부확인에 대한 최종 서명확인을 받습니다

근로계약서는 작성 및 교부에 대한 의무가 있습니다. 만약 노사분쟁 시 근로자가 근로계약서를 교부받지 못했다고 주장하면 사용자는 그 책임을 다했음을 반증해야 하기 때문입니다.

기타	본 계약서에 정함이 없거나 상반되는 내용은 회사의 취업규칙과 근로기준법 및 기타 노동 관계법에 의한다.

본인은 상기 계약사항을 모두 열람하였으며,
본 계약서 1부를 배부 받았음을 확인합니다.

20xx년 xx월 xx일

사용자		(인)	근로자	(서명)

❓ 질문 : 연봉계약서 작성 방법을 알려 주세요

① 해당 임금체계의 적용기간을 명기합니다

시기와 종기를 적으며, 적용 대상 기간 중 변동이 발생할 경우와 자동 갱신에 대한 내용을 기재해 둡니다.

적용 대상 기간	20xx년 xx월 xx일 부터	20xx년 xx월 xx일까지로 한다.
	① 적용 대상 기간 중이라도 사용자와 근로자간의 임금계약내용이 합의로 변동될 경우 변동된 내용이 우선한다.	
	② 적용 대상 기간이 지난 후에도 임금계약에 관한 별도의 합의가 없다면 본 계약 내용이 동일 조건으로 자동 갱신되는 것으로 본다.	

② 임금의 구성 항목을 명기합니다(포괄임금제인 경우)

총 연봉과 월 지급액을 정합니다. 월 지급되는 급여는 기본급, 주휴수당, 연장근로 수당으로 구성합니다.

총 연봉				원	월 지급액	원
구성 항목	월 지급액	구성 항목	월 지급액			
기본급		식대			기본급산정시간	시간
주휴수당		상여금			주휴산정시간	시간
연장수당					포괄연장근로시간	시간
휴일수당	–				포괄휴일근로시간	시간
야근수당	–				포괄야간근로시간	시간

③ 포괄임금제 적용에 동의하는 확인을 받습니다

포괄임금 적용동의	근로자는 위와 같은 포괄임금제 적용에 동의한다. 동의확인:　　　　　　　[서명]

④ 임금의 계산 방법을 정합니다

임금의 계산 방법	① 임금의 산정기간은 매월 x일부터 매월 x일까지로 하며, 지급 시기는 x일로 한다. ② 임금의 실지급액은 세금 및 사회보험료 등을 공제한 금액으로 한다. ③ 월 중도 입·퇴사 등으로 한 달 소정근로일수를 근무하지 못한 경우는 월급여액을 그 달의 일수로 나누어 일할 계산한다.

⑤ 임금의 지급 방법을 정합니다

임금 지급방법	① 임금은 근로자가 지정하는 본인 계좌에 입금을 원칙으로 하며, 임금 지급일이 휴일 또는 휴무인 경우에는 전날 또는 익일 지급한다. ② 근로자가 현금으로 지급을 원할 경우에는 현금수령증을 작성하고 지급할 수 있다.

⑥ 작성과 교부에 대한 확인을 받습니다

본인은 상기 계약사항을 모두 열람하였으며, 본 계약서 1부를 배부 받았음을 확인합니다.

20xx년 xx월 xx일

사용자	(인)	근로자	(서명)

6
근로관계의 종료

근로관계의 종료사유는 근로자의 자발적 의사 또는 귀책사유로 인한 근로자 사유와 사용자 사유인 권고사직, 긴박한 경영상 사유에 의한 정리해고와 근로자 의사와 무관한 자동소멸, 사업장 폐지가 있습니다.

이때 주의해야 할 것이 회사의 일방적인 의사에 의하여 근로계약을 해지하는 해고의 경우 근로기준법에서 엄격히 제한하고 있습니다. **근로기준법 제 23조에 사용자는 근로자에 대하여 정당한 이유 없이 해고, 휴직, 성식, 전직, 감봉 기타 징벌을 하지 못하는 것으로 규정**하고 있습니다.

정당한 이유에 의한 해고라도 그 절차상 하자가 있는 경우에는 그 해고를 무효로 간주할 정도로 해고절차는 반드시 지켜야 합니다. 해고 예고와 징계위원회 등을 통한 징계절차가 있어야 합니다.

❓ 질문 : 근로자 사유에 의한 근로계약의 종료에 대하여 알려 주세요

사직이란 근로자의 일방적 의사표시로 근로계약을 종료시키는 것을 말합니다. 근로자가 퇴직의 의사를 표시하고 사용자가 이를 승낙하면 근로관계가 종결됩니다. 그러나 근로자가 퇴직의 절차를 이행하지 않고 무단결근을 하고, 사용자가 사표를 수리하지 않으면 퇴직의 효력은 일정시간이 지난 후 발생합니다.

퇴직의 의사는 직업 선택의 자유로 제한할 수 없지만, 취업규칙 혹은 근로계약서에 퇴직의 절차를 명시하고 있다면 이를 지켜야 할 의무가 있습니다.

질문 : 근로자 사직에 의한 퇴직 절차를 만들고 싶습니다. 어떻게 해야 하나요?

근로자는 직업선택의 자유와 강제근로를 금지하고 있기 때문에 언제든지 사직의 의사를 표현할 수 있습니다. 그러나 갑자기 그만두게 되면 업무상 많은 지장이 있습니다. 그런 경우를 대비하여 사직통보 규정을 만들어 둡니다.

질문 : 사직통보 규정을 어떻게 정해야 하나요?

"사직을 원하는 직원은 퇴직 일 이전 30일 전에 사용자에게 통보하여 승인을 받아야 한다. 만약 사전에 통보하지 않아 사용자의 승인을 받지 않은 경우에는 무단결근으로 처리한다. 무단결근에 대하여 회사 규정에 따른 감봉 등의 처분을 받을 수 있다." 이렇게 만들 수 있습니다.

질문 : 사직통보 규정을 사용자는 어떻게 활용할 수 있습니까?

근로자가 사직절차를 따르지 않은 상태에서 무단결근을 하고, 사용자가 사표를 수리하지 않으면 1개월이 경과해야 효력이 발생합니다. 그러나 임금을 월급제 등 기간급으로 정한 경우에는 사표를 제출한 당기 후의 1임금 지급기(그다음 달)가 경과해야 효력이 발생하므로 퇴직금 지급 시기는 많이 지체됩니다.

예를 들어 매월 말일 임금을 지불하는 회사의 경우 1월 5일 사직서를 제출하고 사용자가 이를 수리하지 않았다면 3월 1일이 퇴직일이 됩니다. 퇴직금은 최근 3개월간의 평균임금으로 계산하는데, 무단결근으로 감봉 및 무급으로 처리된 기간이 늘어날수록 평균임금은 축소되어 퇴직금이 줄어들게 됩니다.

이러한 사직통보 규정은 근로자의 갑작스러운 퇴사로 인한 경영 손실을 줄일 수 있을 겁니다.

질문 : 근로자 능력 부족과 근무태도불량이 해고 사유가 됩니까?

해고는 근로자가 직장을 상실하게 하는 사안인 만큼 근로자의 생존권을 엄격하게 보호하자는 취지에서 아주 중요하게 결정해야 합니다. 대법원은 업무능력 부족과 관련해서는 보험모집인의 거수실적(보험계약을 체결해서 보험료를 입금시킨 실적)부족과 대학교수의 허위 연구 업적물 제출을 이유로 한 해고는 정당한 해고라고 판단하고 있습니다.

그러나 일반적인 근로자의 능력이나 실적이 미흡할 경우에는 교육훈련, 배치전환, 대기발령 등 인사처분을 통해 능력을 개발하도록 도와주어야 할 것입니다. 업무능력 부족 등을 이유로 한 해고의 정당성 판단 기준은 아주 엄격합니다.

근로자가 무단결근을 반복하는 등 불성실 근무태도를 가진 경우, 업무상 지시를 위반한 경우, 동료 근로자에 대한 폭행 등의 경우라 할지라도 함부로 해고할 수 없습니다. 회사 규정에 따른 감봉 등의 절차가 우선이 되고, **해고는 최후의 선택**이어야 합니다.

❓ 질문 : 종업원을 즉시해고 하고 싶습니다. 가능합니까?

근로자의 귀책사유에 의한 즉시해고에 대한 사유는 다음과 같습니다.

- 납품업체로부터 금품이나 향응을 제공받고 불량품을 납품받아 생산에 차질을 가져온 경우

- 영업용 차량을 임의로 타인에게 대리운전하게 하여 교통사고를 일으킨 경우

- 사업의 기밀이나 그 밖의 정보를 경쟁관계에 있는 다른 사업자 등에게 제공하여 사업에 지장을 가져온 경우

- 허위사실을 날조하여 유포하거나 불법 집단행동을 주도하여 사업에 막대한 지장을 가져온 경우

- 영업용 차량 운송 수입금을 부당하게 착복하는 등 직책을 이용하여 공금을 착복, 장기유용, 횡령 또는 배임한 경우

- 제품 또는 원료 등을 몰래 훔치거나 불법 반출한 경우

- 인사 · 경리 · 회계담당 직원이 근로자의 근무상황 실적을 조작하거나 허위 서류 등을 작성하여 사업에 손해를 끼친 경우

- 사업자의 기물을 고의로 파손하여 생산에 막대한 지장을 가져온 경우

- 그 밖에 사회통념상 고의로 사업에 막대한 지장을 가져오거나 재산상 손해를 끼쳤다고 인정되는 경우

❓ 질문 : 사용자 사유에 의한 해고에 대하여 알려 주세요

사용자 사유에 의한 근로관계의 종료는 회사 경영상 이유로 인한 해고를 의미합니다. 이러한 해고는 사업주가 퇴직을 권유하고 직원이 이를 받아들여 회사를 그만두는 권고사직과 긴급한 상황에서 이루어지는 정리해고로 구분할 수 있을 겁니다.

❓ 질문 : 어떤 경우를 권고사직이라고 합니까?

권고사직은 직원이 사용자가 제안하는 퇴직을 받아들이는 것이고, **해고**는 받아들이지 못하는 것입니다. 이 차이를 구분하기가 애매합니다. 당사자들이 같은 상황을 다르게 인식하고 있기 때문입니다. 사업주 입장에서는 직원이 권고사직을 충분히 받아들였다고 생각했지만, 종업원은 일방적으로 해고를 당했다고 주장할 수 있습니다.

❓ 질문 : 권고사직으로 종업원을 해고할 때 유의해야 할 사항은 무엇입니까?

불분명한 권고사직의 경우가 발생하면 근로자는 노동위원회에 부당해고 구제신청을 합니다. 이 경우 부당해고가 아닌 쌍방간 합의에 의한 퇴사임을 사업주가 입증하여야 합니다. 그러므로 권고사직 시 사업주의 의사를 분명히 전달하고 근로자가 직접 작성한 사직서를 반드시 받아두어야 합니다.

❓ 질문 : 어떤 경우를 정리해고라고 합니까?

정리해고란 기업의 긴급한 경영상 필요에 의해서 근로자를 해고하는 것을 말합니다. 통상의 해고와 달리 근로자에게 아무런 잘못이 없음에도 사용자측의 경영사정으로 인해서 행해짐으로 엄격한 상황 아래에서 허용됩니다.

정당한 정리해고가 되기 위해서는 계속되는 경영의 악화, 생산성 향상을 위한 구조조정과 기술혁신 또는 업종의 전환 등 긴박한 경영상의 필요성이 인정되어야 합니다.

질문 : 긴박한 경영상의 필요성은 구체적으로 무엇입니까?

긴박한 경영상의 필요성이란 기업이 당면한 경영상의 어려움을 타개하기 위해서 실현 가능한 경영상의 조치를 강구하였으나 그러한 노력만으로는 경영상의 곤란을 극복할 수 없었거나, 해고 이외의 다른 경영상의 조치를 취하는 것이 기대하기 곤란한 사정이 있는 경우를 말합니다. **다음의 5가지가 사회통념상 인정할 수 있는 경우**입니다.

- 허가 취소 등 불가피한 사유로 인한 작업부서의 폐지
- 경영 악화를 방지하기 위한 사업의 양도, 양수
- 영업성적의 악화, 경쟁력의 회복 내지 증감을 위한 작업 형태의 변경
- 신기술의 도입으로 인한 사유로 인한 잉여인원 삭감
- 경영합리화에 따른 직제개편 등

질문 : 정리해고를 위한 절차는 어떻게 됩니까?

1단계: 사용자가 사전에 정리해고를 피하기 위한 노력을 다했어야 합니다. 만약 일부 부서를 폐쇄한 경우에는 그 소속근로자를 다른 부서로 전직

시킬 수 없는 사정이 있어야 합니다. 또한 신규 채용 중지, 임원수당 삭감, 잔업규제, 교대제 근로로의 전환, 휴업, 무직휴직, 희망퇴직 등의 노력을 하여야 합니다.

2단계: 해고 대상자의 선정기준이 합리적이고 공정해야 합니다. 판례에 따르면 사용자 측과 근로자 측 사정을 모두 고려해야 합니다.

3단계: 해고 회피 방법과 해고 기준 등에 관해서 사용자는 근로자 대표에게 정리해고를 하려는 날의 50일 전까지 통보한 후 성실하게 협의해야 합니다.

4단계: 1개월 이내에 100인 미만 사업장은 10인 이상, 100인 이상 1,000인 이하 사업장은 10% 이상을 해고할 때에는 해고사유와 해고 예정 인원, 근로자 대표와의 협의 내용, 해고 일정을 고용노동부장관에게 신고해야 합니다.

❓ 질문 : 해고절차에 대하여 알려 주세요

해고에 대한 정당한 이유가 있더라도 해고절차는 반드시 지켜야 합니다.

1단계: 해고 예고를 반드시 해야 합니다. 해고일로부터 30일 전에 해고 사유와 해고시기를 서면으로 통지해야 합니다. 그러나 해고 예고를 하거나 해고예고수당을 지급한다고 하여 해고가 정당한 것으로 인정되는 것은 아닙니다.

2단계: 취업규칙 등에 징계위원회 등을 구성해서 징계 절차를 밟게 되어 있는 경우에 징계위원회를 개최해야 합니다.

3단계: 징계위원회를 개최하여 징계 대상자에게 소명 기회를 준 후 징계를 결정해야 합니다.

4단계: 재심절차가 있는 경우에는 재심절차를 거쳐야 합니다.

❓ 질문 : 해고예고수당이 무엇입니까?

사용자는 근로자를 해고하고자 할 때에는 **30일 전에 해고 예고를** 해야 합니다. 만약 30일 전에 해고 예고를 하지 않았을 때에는 30일분 이상의 통상임금을 지급해야 합니다. 사용자는 해고 예고나 해고예고수당 중에서 1가지를 선택할 수 있습니다. 그러나 이러한 해고예고수당을 지급하는 것이 해고의 정당성을 인정받지는 못합니다. 즉, 30일분 이상의 통상임금을 지급하더라도 함부로 종업원을 해고할 수 없습니다.

❓ 질문 : 해고예고를 하지 않아도 되는 경우는 언제입니까?

근로기준법 26조에 "사용자는 근로자를 해고하려면 적어도 30일 전에 예고를 하여야 하고, 30일 전에 예고를 하지 아니하였을 때에는 30일분 이상의 통상임금을 지급해야 한다"라고 명시하고 있습니다. 다만, 다음의 각 호의 어느 하나에 해당하는 경우에는 그러하지 아니한다.

1. 근로자가 계속 근로한 기간이 3개월 미만인 경우
2. 천재·사변, 그 밖의 부득이한 사유로 사업을 계속하는 것이 불가능한 경우
3. 근로자가 고의로 사업에 막대한 지장을 초래하거나 재산상 손해를 끼친 경우로 고용노동부령으로 정하는 사유에 해당하는 경우

2부
사업주 지원제도

- 고용노동부 지원제도
- 조특법에 의한 지원제도

1. 청년 추가고용 장려금 지원제도

질문 : 청년 추가고용 장려금 지원제도에 대하여 설명해 주세요

청년을 정규직으로 추가로 고용한 중소 중견기업에 인건비를 지원함으로써 양질의 청년일자리를 창출하고자 실시하는 장려금입니다. 청년 추가 채용 1명당 **연 900만** 원을 3년간(사업장 기준) 지원해줍니다. 장려금은 매월 75만 원 지급하며, 기업당 최대 90명까지 가능합니다.

사업장에서 처음 신청한 날을 기준으로 최대 3년간 지급합니다. 청년을 고용하는 시기가 다른 경우 지원 종료시점은 처음 장려금을 받은 시점을 기준으로 합니다.

질문 : 지원 대상은 누구입니까?

만 15세 이상 34세 이하(군필자는 39세까지)를 정규직으로 신규 채용한 5인 이상 중소 중견기업을 대상으로 합니다. 성장유망 업종이나 벤처기업은 5인 미만도 가능합니다. 다만, 사행 유흥업 등 일부 업종은 제외됩니다.

질문 : 지원 요건은 어떻게 됩니까?

청년 정규직 근로자를 신규 채용해야 합니다.
전년도 평균 근로자 수보다 근로자가 증가한 경우여야 합니다.
30인 미만은 1명 이상, 30~99인은 2명 이상, 100인 이상은 3명 이상을 채용해야 합니다.

2. 청년 내일채움공제 지원제도

❓ 질문 : 청년 내일채움공제 지원제도에 대하여 설명해 주세요

중소기업 등에 취업한 만 15세 이상 34세 이하(군필자는 39세까지) 청년에게는 장기근속 및 목돈 마련의 기회를 제공하고 기업에는 우수인재 고용유지를 지원하는 제도를 말합니다.

청년에게 장기근속과 목돈마련의 기회를 제공하고, 기업에게는 우수인재를 확보할 수 있는 각자에게 도움이 되는 정책입니다.

❓ 질문 : 2년형 지원 요건에 대하여 알려 주세요

취업하는 청년은 고용보험 가입이력이 없거나 최종학교 졸업 후 고용보험 총 가입기간이 12개월 이하(3개월 이하 고용보험 가입이력은 총 가입기간에서 제외)이어야 합니다. 단, 12개월 초과자이더라도 최종 피보험자격 상실일로부터 실직기간이 6개월 이상인 자는 가능합니다. 신청 가능한 기업은 고용보험 피보험자수가 5인 이상이어야 합니다. 단, 벤처기업 청년창업기업 등은 1~5인 미만 기업도 가능합니다.

✤ 2년형 운용 예시

청년은 매월 12.5만 원을 적립하여 24개월 동안 300만 원을 넣고, 기업에서 300만 원, 정부에서 600만 원을 지원하여 만기일에 총 1,200만 원+α를 받을 수 있습니다.

청년내일채움공제 적립구조

청년 적립금
(본인 납입금)
300만 원

청년 계좌 자동이체로 적립(5, 15, 25일 중 선택)
월 12.5만 원 24개월 납입

기업기여금
300만 원

기업 명의 가상계좌 또는 자동이체로 적립(기간별 적립)

1M	6M	12M	18M	24M
50만 원	60만 원	60만 원	60만 원	70만 원

정부지원금
(청년 취업지원금)
600만 원

청년 명의 가상계좌로 적립(기간별적립)

1M	6M	12M	18M	24M
80만 원	120만 원	120만 원	140만 원	140만 원

청년내일채움공제

1,200만 원 + α

3. 고용촉진장려금 지원제도

❓ 질문 : 고용촉진장려금 지원제도에 대하여 설명해 주세요

여성가장, 장애인, 기초생활수급자 등 상대적으로 취업이 어려운 계층의 고용을 도모하기 위하여 실시하는 제도입니다. 고용노동부에서 실시하는 취업지원프로그램을 이수한 근로자를 6개월 이상 고용한 사업주에게 장려금을 지원해 줍니다. 사업주가 지급한 임금의 80% 한도로 월 60만 원씩 1년간 지원합니다. 기초생활수급자, 취업지원프로그램 이수 면제자 중 중증장애인 여성가장으로 1개월 이상 실업 상태에 있는 사람 채용시에는 최대 2년간 지원합니다.

❓ 질문 : 특별고용촉진장려금은 무엇입니까?

2021년 특별고용촉진장려금은 '고용촉진'을 위해 중소사업자에게 지원하는 지원금 제도입니다. 중소사업자가 '특정 근로자'를 6개월 이상 근로계약을 체결했을때 근로자 1인당 월 100만 원씩 6개월간 지원해줍니다. 만약, 기한의 제한없이 고용계약을 연장한 경우 월 60만 원씩 6개월 간 추가로 지원합니다.

여기서 말하는 특정근로자란 고용안전(1년내) 워크넷에 구직등록을 한 사람 중에서 1개월 이상 실업중이거나, 현행 고용촉진 장려금 지원대상자이어야 합니다. 반드시 2021년 3월 25일~9월 30일 사이에 고용한 근로자만 해당됩니다.

질문 : 지원 제외 대상자는 어떻게 됩니까?

계약직 근로자, 비상근 촉탁근로자, 최저임금의 110% 미만의 임금을 받기로 한 근로자, 사업주의 배우자 또는 4촌 및 인척인 경우, 고용 당시 사업자 등록증을 보유 중인 근로자는 제외됩니다.

또 현 사업주가 해당 근로자의 고용 전 1년 이내 이직 당시 사업주와 동일하거나 이직 당시 사업과 관련된 사업주인 경우, 사업주가 지급 대상자를 고용하기 전 3개월부터 고용 후 1년까지 고용조정으로 근로자를 퇴직시킨 사업주는 지원에서 제외합니다.

4. 정규직전환 지원제도

질문 : 지원 요건이 어떻게 됩니까?

6개월 이상 근무한 기간제·파견·사내하도급 근로자를 정규직으로 전환하여 최저임금의 110% 이상을 지급하며 1개월 이상 고용을 유지하고 있는 상시근로자 5인 이상의 사업장이 대상입니다.

질문: 지원 금액은 어떻게 됩니까?

정규직으로 전환한 근로자 1명당 임금상승분의 80%를 1년 동안 월 최대 60만 원을 한도로 하여 지원합니다. 전환근로자 1명당 간접노무비는 매월 30만 원씩 1년 동안 지원합니다.

5. 유연근무제 지원제도

❓질문 : 시간선택제 신규고용 지원금이란?

주 15~30시간을 근무하는 근로자에게 최저임금의 120% 이상 지급하는 것으로 정규직 계약을 하는 사업장을 대상으로 신규고용 근로자 1인당 중소기업에 월 60만 원(근로자 인건비의 80% 한도)을 최대 1년간 지원합니다. 연장근로시간이 월 20시간 초과된 달은 지원금을 받지 못합니다.

전자 기계적 방법에 의한 근태관리가 되어야 하며 5일 이상 누락 시 지원이 제한됩니다.

❓질문 : 시간선택제 전환 지원금이란?

근로자 청구에 따라 주 15~30시간으로 단축근로를 하며, 시간선택제 전환기간이 최소 2주 이상일 때 지원합니다.

해당 근로자는 최소 6개월 이상 근무하고, 전환일 이전 3개월 평균 주 소정근로시간이 30시간을 초과하고, 최소 1기간 이상을 단축근로를 하여야 합니다. 연장근로시간이 월 20시간 초과된 달은 지원금을 받지 못합니다.

- 근로자 임금 감소액 보전금: 근로시간 단축으로 인해 시간비례로 줄어든 임금보다 더 많은 임금을 지급한 경우 그 금액 범위 내에서 최대 월 40만 원을 1년간 지원

- 간접노무비: 1인당 월 20만 원을 정액지급

- 대체인력 지원금: 대체인력 인건비의 80% 한도로 월 60만 원 지원

질문 : 일 가정 양립 환경개선 지원금이란?

　일하는 시간과 장소가 유연한 근무 제도를 도입·확대하여 일 가정 양립이 가능한 고용문화를 만드는 중소기업에 지원하는 제도입니다. 근로자가 유연근무제도를 활용할 수 있는 제도를 마련하고, 전자 기계적 방법으로 근태관리 시스템을 구축한 기업을 대상으로 합니다. 주 3회 이상 활용하게 되면 주당 10만 원씩 연간 520만 원을 지원합니다. 주 1~2회를 활용하면 주당 5만 원씩 연간 260만 원을 지원합니다.

6. 일자리 안정자금 지원제도

　30인 미만 근로자를 고용하는 사업장에 근무하는 근로자가 월 보수 219만 원 이하(2021년)로 1개월 이상 고용이 유지되고 있는 경우 지원해 주는 제도입니다. 보수액이란 기본급에 통상적 수당과 연장근로수당 등을 합한 금액을 말합니다. 5인 미만 사업장은 1인당 최대 7만 원, 5인 이상 사업장은 1인당 최대 5만 원을 지원합니다.
　공동주택의 경비원이나 청소원을 고용하고 있는 사업장은 30인 이상인 경우라도 지원 대상에 포함됩니다.

7. 두루누리 사업보험 지원제도

　상시근로자가 10명 미만인 사업장에 근무하는 월 평균보수 220만 원 이하인 근로자의 **국민연금과 고용보험을 지원해 주는** 제도입니다.

지원 신청일 직전 1년간 피보험자자격 취득이력이 없는 근로자를 고용한 사업장에 80%(인원 수에 대한 차등없음)를 지원해줍니다.

다만, 재산이 6억 원이 넘거나 전년도 종합소득이 연 3,800만 원 이상인 경우에는 지원을 받을 수 없습니다.

8. 고용을 증대시킨 기업에 대한 세액공제

상시근로자 수가 직전 과세연도의 상시근로자의 수보다 증가한 경우에 다음과 같이 지원합니다.

단위: 만 원

구분	중소기업(3년간)		중견기업(3년간)	대기업(2년간)
	수도권	지방		
상시근로자	700	770	450	
청년정규직, 장애인 등	1,100	1,200	800	400

9. 정규직 근로자로의 전환에 따른 세액공제

기간제 근로자 및 단시간 근로자를 기한의 정함이 없는 근로계약을 체결하거나, 파견근로자를 직접 고용하여 기간의 정함이 없는 근로계약을 체결하여 직접 고용하는 경우 기업이 납부할 세액에서 1,000만 원을 공제해 줍니다.

10. 고용유지 기업 등에 대한 과세특례

상시근로자 1인당 시간당 임금이 직전 과세연도에 비하여 감소하지 않은 경우&상시근로자 수가 일정비율 이상 감소하지 않은 경우&상시근로자 1인당 연간 임금총액이 직전 과세연도에 비하여 감소한 3가지 조건을 충족하는 경우에 기업이 납부할 세액에서 임금 차액의 일정비율(10%, 15%)을 공제해 줍니다.

11. 근로소득을 증대시킨 기업에 대한 세액공제

상시근로자의 해당 과세연도의 평균임금 증가율이 직전 3개 과세연도의 평균임금 증가율의 평균보다 큰 경우&해당 과세연도의 상시근로자 수가 직전 과세연도의 상시근로자 수보다 크거나 같을 경우에, 임금증가분의 20%(중소기업)를 기업이 납부할 세액에서 공제해 줍니다.

12. 중소기업 사회보험료 세액공제

상시근로자 고용 증가 인원에 대하여 사용자가 부담하는 사회보험료의 50%(청년, 경력단절여성은 100%)를 기업이 납부할 세액에서 공제해 줍니다.

13. 중소기업 취업자에 대한 소득세 감면

중소기업에 취업하는 근로자가 받는 근로소득에 해당하는 소득세 70%(청년은 90%)를, 3년(청년은 5년) 동안 과세기간별 최대 150만 원까지 근로자가 납부할 소득세에서 감면해 주는 제도입니다.

주주총회 & 이사회 의사록 모음

1. 이사회 소집통지서

2. 이사 감사 동의서(이사 감사 소집절차 생략)

3. 이사회 의사록

4. 임시주주총회 소집통지서

5. 주주동의서(주주총회소집절차 생략)

6. 임시주주총회 의사록

7. 정기주주총회 의사록(결산승인 및 잉여금 처분)

8. 중간배당 이사회 의사록

9. 주식 증여 계약서

1. 〈이사회 소집통지서〉

이사회 소집통지서

○○○ 이사 귀중

일 자 : 20xx년 xx월 xx일
제 목 : 이사회 소집의 건

- 귀하의 발전을 기원합니다.
- 정관 제 ○○조에 따라 다음과 같이 이사회를 소집하오니 참석하여 주시기 바랍니다.

- 다   음 -

1. 개최일시 : 20xx년 xx월 xx일 10시
2. 회의장소 : 본사 회의실
3. 회의의안
    1) 1호의 의안 : 정관전면개정
    2) 2호의 의안 : 임원의 보수지급규정
    3) 3호의 의안 : 임원의 상여금 지급규정
    4) 4호의 의안 : 임원의 퇴직금 지급규정
    5) 5호의 의안 : 임원의 유족보상금 지급규정

20xx년 xx월 xx일
주식회사 ○○○○
대표이사 ○○○

2. 〈이사 감사 동의서〉

이사 및 감사 동의서

20xx년 xx월 xx일 이사 및 감사의 동의로서 다음의 이사회 소집통지를 생략하는 것을 결의함

– 결 의 사 항 –

1. 상법 제 390조 제 4항에 의거 이사회의 소집절차를 생략함

– 다   음 –

1. 개최일시 : 20xx년 xx월 xx일 10시
2. 회의장소 : 본사 회의실
3. 회의의안 : 아래 안건을 위한 주주총회 개최의 건
    1) 1호의 의안 : 정관전면개정
    2) 2호의 의안 : 임원의 보수지급규정
    3) 3호의 의안 : 임원의 상여금 지급규정
    4) 4호의 의안 : 임원의 퇴직금 지급규정
    5) 5호의 의안 : 임원의 유족보상금 지급규정

20xx년 xx월 xx일

주식회사 ○○○○
대표이사 ○○○
이 사 ○○○
이 사 ○○○
감 사 ○○○

3. 〈이사회 의사록〉

이사회의사록

1. 개최일시 : 20xx년 xx월 xx일 10시~11시
2. 회의장소 : 본사 회의실
3. 출석이사 : 이사총수 0명 중 0명
4. 출석감사 : 감사총수 0명 중 0명
5. 안   건 : 임시주주총회 소집에 관한 건

의장인 ○○○은 회의가 적법하게 성립되었음을 선언하고 임시주주총회의 소집에 관하여 출석이사 전원의 찬성으로 다음과 같이 가결한다.

- 다   음 -

1. 임시주주총회 소집일시 : 20xx년 xx월 xx일 10시
2. 임시주주총회 회의장소 : 본사 회의실
3. 임시주주총회 부의의안
   1) 1호의 의안 : 정관전면개정
   2) 2호의 의안 : 임원의 보수지급규정
   3) 3호의 의안 : 임원의 상여금 지급규정
   4) 4호의 의안 : 임원의 퇴직금 지급규정
   5) 5호의 의안 : 임원의 유족보상금 지급규정

이상과 같이 심의를 완료하였으므로 의장은 폐회를 선언한다. 오늘의 결의 사실을 명백히 하기 위하여 의사록을 작성하고 의장과 출석이사 및 감사가 아래와 같이 기명 날인한다.

20xx년 xx월 xx일
주식회사 ○○○○
대표이사 ○○○
이 사 ○○○
이 사 ○○○
감 사 ○○○

4. 〈임시주주총회 소집통지서〉

임시주주총회 소집통지서

주주님의 건승과 댁내의 평안을 기원합니다.
정관 규정에 의하여 임시주주총회를 아래와 같이 소집하오니 참석하여 주시기 바랍니다.

– 아 래 –

1. 개최일시 : 20xx년 xx월 xx일 10시
2. 회의장소 : 본사 회의실
3. 회의목적(부의안건)
    1) 1호의 의안 : 정관전면개정
    2) 2호의 의안 : 임원의 보수지급규정
    3) 3호의 의안 : 임원의 상여금 지급규정
    4) 4호의 의안 : 임원의 퇴직금 지급규정
    5) 5호의 의안 : 임원의 유족보상금 지급규정
4. 의결권의 대리행사에 관한 사항
    주주님께서는 주주총회 참석장에 의거 의결권을 직접 행사하거나 위임장에 의거 의결권을 간접행사 할 수 있습니다.

20xx년 xx월 xx일

주식회사 ○○○○
대표이사 ○○○

5. 〈주주 동의서〉

총주주동의서

20xx년 xx월 xx일 총 주주의 동의로서 다음의 주주총회 소집절차를 생략하는 것을 결의함

- 결 의 사 항 -

1. 상법 제363조 제4항에 의거 주주총회의 소집절차를 생략함
   위와 같이 동의함

20xx년 xx월 xx일

주식회사 ○○○○
주 주 ○○○
주 주 ○○○
주 주 ○○○

6. 〈임시주주총회 의사록〉

임시주주총회의사록

서기 20xx년 xx월 xx일 오전10시 본점회의실에서 임시주주총회를 개최하다.

주주의 총수: 0명　　　　발행주식의 총수: 100,000주
출석 주주의 총수: 0명　　출석주주의 주식총수: 100,000주

의장 ○○○는 의장석에 올라 위와 같이 법정수에 달하는 주주가 출석하였으므로 본 총회가 적법하게 성립되었음을 알리고 개회를 선언하다. 이어서 다음 의안을 부의하고 심의를 구하다.

제1호 의 案 정관 전면 개정의 건

의장은 당 회사의 영업 및 경영상 정관을 전면 개정할 필요가 있음을 설명하고 개정된 정관을 낭독한 후 주주들에게 그 가부를 물은 바, 주주여러분께서 면밀히 검토한 결과 개정정관의 원안대로 전면 개정하기로 전원 일치된 의견으로 승인 가결하다.

별첨1. 전면개정 정관

제2호 의 案 임원의 보수 지급규정

의장은 본 회사의 제 1호의 의안이 승인 가결됨에 따라 본회사의 정관 제 ○○조의 [임원의 보수와 퇴직금]의 1항인 임원의 보수규정의 신설이 필요하다고 설명하고 그 가부를 물은바, 이의 없이 찬성하여 상법 제 433조 및 상법 434조에 의하여 정관 개정이 의결 즉시 효력이 발생하였음을 알리고 승인 가결하다.

별첨2. 임원의 보수지급규정

제3호 의 案 임원의 상여금 지급규정

의장은 본 회사의 제 1호의 의안이 승인 가결됨에 따라 본회사의 정관 제 ○○조의 [임원의 보수와 퇴직금]의 2항인 임원의 상여금 지급규정의 신설이 필요하다고 설명하고 그 가부를 물은바, 이의 없이 찬성하여 상법 제 433조 및 상법 434조에 의하여 정관 개정이 의결 즉시 효력이 발생하였음을 알리고 승인 가결하다.

별첨3. 임원의 상여금 지급규정

제4호 의 案 임원의 퇴직금 지급규정

의장은 본 회사의 제 1호의 의안이 승인 가결됨에 따라 본회사의 정관 제 ○○조의 [임원의 보수와 퇴직금]의 3항인 임원의 퇴직금 지급규정의 신설이 필요하다고 설명하고 그 가부를 물은바, 이의 없이 찬성하여 상법 제 433조 및 상법 434조에 의하여 정관 개정이 의결 즉시 효력이 발생하였음을 알리고 승인 가결하다.

별첨4. 임원퇴직금 지급규정

제5호 의 案 임원의 유족보상금 지급규정

의장은 본 회사의 제 1호의 의안이 승인 가결됨에 따라 본회사의 정관 제 ○○조의 [임원의 보수와 퇴직금]의 4항인 임원의 유족보상금 지급규정의 신설이 필요하다고 설명하고 그 가부를 물은바, 이의 없이 찬성하여 상법 제 433조 및 상법 434조에 의하여 정관 개정이 의결 즉시 효력이 발생하였음을 알리고 승인 가결하다.

별첨5. 임원의 유족보상금 지급규정

이상으로서 금일의 의안 전부를 심의, 종료하였으므로 의장은 폐회를 선언하다.
(회의종료시각 오전 11시 00분)
위 의사의 경과요령과 결과를 명확히 하기 위하여 이 의사록을 작성하고 의장과 출석한 이사가 다음에 기명날인 또는 서명하다.

20xx년 xx월 xx일

주식회사 ○○○○

의장 겸 대표이사 ○○○
이 사 ○○○
이 사 ○○○
감 사 ○○○

7. 〈정기주주총회 의사록〉

제 ○○기 정기주주총회 의사록

1. 일시 : 20xx년 xx월 xx일 10시~11시
1. 장소 : 본사 회의실
1. 출석사항

의결권이 있는 전체 주식총수	명
의결권이 있는 발행주식총수	주
출석주주수(위임장에 의한 자를 포함)	명
출석주주 중 의결권이 있는 자의 지분총수	주

의장 ○○○는 의장석에 올라 위와 같이 법정수에 달하는 주주가 출석하였으므로 본 총회가 적법하게 성립되었음을 알리고 개회를 선언한다. 이어서 의장은 인사말을 통해 지난해의 제반경제상황과 매출액 및 순이익 등 경영성과를 설명하고 인사말을 하다.

1. 보고사항

의장은 제 ○○기 재무제표와 업무에 관한 사항은 적법하고 타당하게 표시하고 있음을 인정한다고 주주들에게 보고를 하다.

2. 회의목적사항

제1호의 안 : 제 ○○기 재무상태표 및 손익계산서의 승인의 건

의장은 제 ○○기 재무상태 및 손익상황에 대한 내용을 설정하고 참석주주의 동의와 재청을 거쳐 제1호의 안은 만장일치로 원안대로 승인 가결한다.

제2호의 안 : 이익잉여금 처분계산서 승인의 건

의장은 제2호의 안에 대한 상법상의 배당가능이익과 배당에 관한 내용을 설명하고 동의와 제청을 거쳐 제 2호의 안을 참석주주의 만장일치로 원안대로 가결하다.

- 배당사항 : 1주당 0000원 현금배당(이익배당률 000%)
- 배당현황

주주명	소유주식수(지분율)	배당결의	비 고
○○○			
○○○			
○○○			
계			

 의장은 이상으로서 회의 목적인 의안 전부의 심의를 종료하였으므로 폐회한다고 선언하다(회의종료시간 오전 11시)

 위 결의를 명확히 하기 위하여 이 의사록을 작성하고 의장과 출석한 이사가 기명날일 또는 서명하다.

20xx년 xx월 xx일

주식회사 ○○○○

의장 겸 대표이사 ○○○
이　사 ○○○
이　사 ○○○
감　사 ○○○

8. 〈중간배당 이사회 의사록〉

이사회의사록

1. 개최일시 : 20xx년 xx월 xx일 10시~11시
2. 회의장소 : 본사 회의실
3. 출석이사 : 이사총수 0명 중 0명
4. 출석감사 : 감사총수 0명 중 0명
5. 안   건 : 중간배당 승인의 건

의장인 ○○○은 회의가 적법하게 성립되었음을 선언하고 중간배당에 관한 사항을 설명하고 동의와 제청을 거쳐 출석이사 전원의 찬성으로 다음과 같이 가결한다.

- 다   음 -

- 배당사항 : 1주당 0000원 현금배당(이익배당률 000%)
- 배당총액 : 00억원

주주명	소유주식수(지분율)	배당결의금액	비고
○○○			
○○○			
○○○			
계			

이상과 같이 심의를 완료하였으므로 의장은 폐회를 선언한다. 오늘의 결의 사실을 명백히 하기 위하여 의사록을 작성하고 의장과 출석이사 및 감사가 아래와 같이 기명 날인하다.

20xx년 xx월 xx일
주식회사 ○○○○
대표이사 ○○○
이 사 ○○○
이 사 ○○○
감 사 ○○○

주 식 증 여 계 약 서

○○○ (이하 "갑"이라 한다)과 ○○○ (이하 "을"이라 한다)는 아래 목적물의 증여에 관하여 아래와 같이 계약(이하 "본 계약"이라 한다)을 체결한다.

제1조 [목 적]
본 계약은 갑이 을에게 무상으로 제 2조의 목적물을 증여함에 있어 필요한 제반사항을 정함을 그 목적으로 한다.

제2조 [목적물]

○ 법 인 명 :	
○ 법인등록번호 :	
○ 발행주식총수 :	주
○ 주당액면가액 :	원
○ 1주당 평가가액 :	원
○ 증 여 주 식 수 :	원
○ 증여주식가액 :	원

제3조 [주된 의무]
① 갑은 20 ㅇㅇ 년 ㅇㅇ월 ㅇㅇ일부터 증여세 신고기한인 20○○ 년 ○○월 ○○일까지 을에게 무상으로 목적물을 인도한다.
② 갑과 을은 주식증여계약에 따라 목적물이 무상으로 인도되는 경우 증여받은 주식에 대하여 즉시 명의개서를 이행하여야 한다.

제4조 [종된 의무]
갑이 제 3조에서 정한 의무를 이행함에 있어 발생하는 모든 절차비용 및 세금은 을의 부담으로 한다. 단, 갑은 본 증여와 관련하여 을에게 어떠한 유상의 대가슬 청구하지 아니하며 무상으로 증여를 하도록 한다.

제5조 [계약의 변경]

본 계약의 일부 또는 전부를 변경할 필요가 있는 경우에는 갑과 을의 서면합의에 의하여 이를 변경하고, 그 변경내용을 변경한 다음 날부터 효력을 가진다.

제6조 [양도 등 금지]

갑과 을은 상대방의 서면동의 없이 본 계약의 일체의 권리, 의무 등을 제3자에게 양도 증여 대물변제 대여하거나 담보로 제공할 수 없다.

제7조 [관할법원]

본 계약과 관련하여 소송상의 분쟁이 발생한 때에는 갑의 주소지 지방법원을 관할로 한다.

본계약의 내용을 증명하기 위하여 계약서 2부를 작성하고, 갑과 을이 서명 또는 날인한 후 각 1부씩 보관한다.

별첨) 비상장주식 등 평가서.

20○○년 ○○월 ○○일

증여자　성　　명 : ○○○　(인)
（갑）　주민등록번호 :
　　　　주　　소 :

수증자　성　　명 : ○○○　(인)
（을）　주민등록번호 :
　　　　주　　소 :